交通运输类“十三五”创新教材

海船船员培训合格证考试培训教材

# 基本安全
# ——防火与灭火


主　编◉杜林海　戴树龙　邹熙康

副主编◉曹　铮　王　岩　李　博

主　审◉邢永恒

大连海事大学出版社

**图书在版编目(CIP)数据**

基本安全. 防火与灭火 / 杜林海,戴树龙,邹熙康主编. —大连 : 大连海事大学出版社, 2020.6(2022.6 重印)
海船船员培训合格证考试培训教材
ISBN 978-7-5632-3918-4

Ⅰ.①基… Ⅱ.①杜… ②戴… ③邹… Ⅲ.①船员—安全教育—资格考试—教材②船舶—消防—资格考试—教材 Ⅳ.①U676.2②U664.88

中国版本图书馆 CIP 数据核字(2020)第 089698 号

**大连海事大学出版社出版**

地址:大连市黄浦路523号 邮编:116026 电话:0411-84729665(营销部) 84729480(总编室)
http://press.dlmu.edu.cn E-mail:dmupress@dlmu.edu.cn

辽宁新华印务有限公司印装　　大连海事大学出版社发行

2020 年 6 月第 1 版　　2022 年 6 月第 7 次印刷
幅面尺寸:170 mm×240 mm　　印张:8.5
字数:181 千　　印数:28501~33500 册

出版人:刘明凯

责任编辑:魏　悦　　责任校对:李继凯
封面设计:解瑶瑶　　版式设计:解瑶瑶

ISBN 978-7-5632-3918-4　　定价:31.00 元

# 前言

随着国际海事组织及世界主要航运国家对船舶运输中船员人身安全、船舶安全、海洋环境保护等方面的重视程度的日益提高,国际公约、规则,港口国监督,行业组织的审核要求的提高和更新步伐明显加快。与之相对应的是对船员的,特别是对努力扩展国外劳务市场的中国船员的个人安全意识和安全操作水平等基本素质和能力的要求也越来越高。

国际海事组织于2010年对《海员培训、发证和值班标准国际公约78/95》进行全面修订,通过了《1978年海员培训、发证和值班标准国际公约马尼拉修正案》,该修正案对海船船员培训合格证培训、发证提出了新的要求。为全面履约,提高我国海员的培训质量,交通运输部于2017年发布了《海船船员培训大纲(2016版)》,对海船船员培训合格证的适任要求,培训的理论知识、实践技能,评价标准及学时等做出了详细规定。

为了更好地配合我国的履约工作,更好地按照《海船船员培训大纲(2016版)》要求,在新形势、新要求下推进并完善海船船员培训工作,增强海船船员的个人安全意识,提高海船船员的专业技能,大连海事大学航海训练与工程实践中心组织有丰富培训教学经验和航海实践经验的教师编写并审定了本套"海船船员培训合格证考试培训教材"。

本套教材满足《1978年海员培训、发证和值班标准国际公约马尼拉修正案》和《海船船员培训大纲(2016版)》对海船船员培训合格证的各项要求,紧密结合我国有关船员职业培训最新规定,知识点全面,图文并茂,易于学员学习、理解。为方便任课教师教学,编者提供了课件,扫描书后课件二维码下载,或从二维码下所列的网址下载。为方便学员学习及自测,及时了解个人对所学知识掌握程度,教材提供了练习题,学员可以通过手机扫描书后二维码注册,再扫描每节后二维码获得。

《基本安全——防火与灭火》由杜林海、戴树龙、邹熙康主编,杜林海统稿,曹铮、王岩、李博为副主编,邢永恒主审。宫玉广在本书的编写过程中给与了很大的帮助,在此表示感谢。

航海科技日新月异,相关国际公约、各国法律法规、行业标准和规定也不断进步完善,本套教材未尽之处敬请广大同仁和读者批评斧正。

**大连海事大学航海训练与工程实践中心**

**2020年5月25日**

# 目录

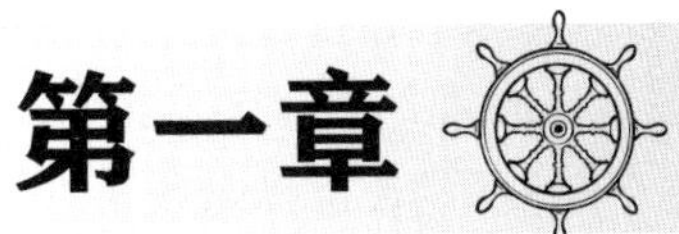

# 第一章 概论

## 第一节 船舶的特点与火灾的特点

船舶是全球经济快速发展的支撑和载体。认识船舶特点和船舶火灾之间的关系，对于保障船舶航行安全有着特殊的意义。

### 一、船舶的特点

作为支撑世界经济快速发展的重要载体，船舶具有很多特点。从运量方面看，远洋货船一次可载运几万吨甚至几十万吨的物品，远远超过了其他运输形式的运量；船舶运输所需的航道，主要是海洋与天然的河、湖水道，几乎不需要过多的投入，因此，船舶运输成本相对较低。

但是从消防安全的角度看，船舶还具有以下几个特点：

1. 船上的可燃物很多

船上的可燃物大致包括：

(1)船舶可燃性的内装材料。它主要来源于船舶的装修和装饰。

乘坐过邮轮的人员可能觉得邮轮太"豪华"了。在"豪华"背后，是大量装饰装修材料的使用，是火灾隐患的存在。虽然《1974年国际海上人命安全公约》(SOLAS公约)对船舶舱壁、衬板、天花板和镶板等装饰及装修材料的防火性能做出了严格的规定，但是由于技术的因素，在装修和装饰中，还会使用相当数量的可燃装修及装饰物料；特别是地毯、帘布、床上用品等更是使用了大量的可燃材料。上述的可燃材料重量一般占邮轮自重的5%~9%，火灾荷载相当大。货船可燃材料的比例有所降低，但是就生活区单位面积内的可燃材料数量看和客船基本相当。

(2)船舶所运输货物中的可燃货物。

目前,载重吨位在几万吨左右的远洋货船已经不算是大船了。在干散货船中,载重吨位(装运矿石、钢材、煤炭和粮食等)已达十几万吨到三十万 t 级;通常油船的载重吨位可达 30 万 t 级,国外还曾经造过 50 万 t 级的超级油船;集装箱船的载重量也可达上万标准箱。在这些海运货物中存在大量的可燃物。

(3)船舶自身的储备,这里主要指燃油。

船舶的燃油储量很大,为了能够让船舶运转起来,需要为船舶配备足够的燃油。岸基消防队通常按船舶载重量的 10% 进行燃油储量的估算。具体配备数量根据航次确定。常见灵便型散装货船的日耗油量为 25 t 左右。

2. 船上的火源多

普通货船包括了动力设施、生活服务设施等,例如机舱(包括电站)、货舱、生活服务处所;邮轮为了满足游客需要,包括了数百间客房、多个餐厅和酒吧、游泳池、户外活动场所、健身房、桑拿房、娱乐场、网吧和图书馆、购物中心、跨多层甲板的剧院等。在上述场所,明火、暗火、热表面、火星、热工作业、吸烟、机器设备和电气设备、厨房炉灶等易引起船舶火灾的隐患。

3. 船舶火灾易于蔓延

现代船舶船体结构多以钢板制造。钢板的热传导性能较强,通常起火后 3~5 min,温度就可上升 500~900 ℃。钢板被迅速加热,成为温度很高的物质。热量会沿钢板快速传播,结果将钢板附近或相邻的可燃物质引燃,从而造成火灾蔓延扩大。

4. 结构复杂,不利于消防行动的展开

船舶需要为船员和旅客提供各种工作、生活以及娱乐设施,这些设施又被安装在船舶不同部位的不同的舱室(地点)内。在船舶有限的空间内布置众多的舱室,本身就使得船舶空间紧凑,通道和楼梯比较狭窄。空间狭小、通道狭窄又使得人员难以疏散,扑救难以展开。在通道被火阻断时,很难从几个方向接近火场予以施救;同时,火灾形成的浓烟和热辐射、热对流也往往使扑救人员无法靠近,严重阻碍灭火行动。

## 二、船舶火灾的特点

1. 船舶火灾扑救过程中难以获得外援

船舶在海上航行期间,很难得到外界的援助。船舶远航期间发生火灾,陆基消防队的人员和消防船(艇)难以及时到达并实施有效的救助,也无法及时赶赴增援;有时即使附近有邻船,但由于风大浪急或火焰的炙烤,邻船难以靠拢。多数情况下,失火船舶只能依靠现有的人力和设备进行自救。

2. 船舶消防自救难度大

船舶火灾的扑救远比陆地火灾扑救困难。首先,船舶火灾扑救涉及全面指挥、现场

灭火、火场隔离等多个方面,这需要足够的人力资源。但是船舶定员决定了在多数情况下人员安排会捉襟见肘,无法满足消防行动需要。其次,本船配备的消防设备有限。通常一艘船配备的消防设备包括固定水灭火系统、固定二氧化碳系统(油船配备甲板泡沫和高倍泡沫系统)、可携式消防设备等。这些设备(除固定水系统外)所使用的灭火剂在船舶上储量有限,不像在陆地上可以得到及时补充;对于固定式水灭火系统,如果不加限制地随意使用,会使大量的水在船舶上积聚,甚至导致船舶倾覆。上述不利因素决定了船舶火灾的自救难度非常大。

3. 船舶火灾损失大

现代船舶向大吨位、高科技和豪华舒适的方向发展,结果船舶价值不断增加。现在一艘船的价值动辄几千万到几亿元,特种船舶可能达几十亿元。另外,船舶火灾造成的人员伤亡、货物损失,以及沉船占用航道、码头,污染水域所造成的经济损失也都是巨大的。

4. 船舶火灾危害大,影响大

船舶营运需要得到国家行政和技术管理部门的许可。经常性的船舶火灾除了给国家财产和人民生命带来严重危害外,还直接影响到整个国家的声誉,进一步影响国家的政治、经济和外交。

## 第二节 船员和船舶火灾的关系

船舶消防工作必须贯彻"预防为主,防消结合"的方针。船舶消防,重在预防。以"不发生火灾"为目的,同时要做好扑灭火灾的一切准备工作。

船舶火灾历来是海上最大的危害事故之一。国际海事组织及各国海运主管部门对"如何防止海上火灾事故以及减少事故的损失"的课题进行了多年的研究。通过一系列的研究,国际海事组织及各国海运主管部门充分认识到:保障船舶消防安全,必须做好船舶"防火"和"灭火"两个方面的工作。

1. 做好船舶"防火"工作

做好船舶"防火"工作,必须做好船员的"防火"培训工作。船员在培训后应接受并主动贯彻"预防为主,防消结合"的安全工作方针。必须让船员认识到,绝大多数船舶火灾是可以预防的。

做好船舶"防火"工作,要让船员学会如何"防"。落实"防火"工作,必须切实落实好船舶体系文件中确立的一整套船舶防火、防爆规章制度。防火、防爆规章制度是指船舶日常工作中,船员需要坚持和遵守的防火规则。它一般包括船舶防火巡逻制度、电气防火安全制度、明火作业许可证制度、危险品管理制度等。

通过遵守防火、防爆规章制度,切实提高所有船员的消防意识,加强消防安全教育,使在船人员思想上保持警惕，常备不懈，火灾才会处于可防状态。

2. 做好船舶“灭火”工作

“灭火”就是在船员充分认识火灾的危害性并做好“防火”工作的基础上，提高其扑救火灾的能力。做好灭火工作，首先，做到船舶发生火灾后，正确地使用各种灭火设备和器材去扑灭火灾；第二，高效地扑救火灾，需要健全的消防组织，完备的火灾应急计划以及定期的消防演习训练等。

“防火”和“灭火”是有效地保证船舶消防安全的两个基本手段。两者在消防工作中紧密相连，不可分割，相互补充和促进。只有把两者紧密结合起来，才能真正实现船舶消防安全的目的。

3. 船员消防演习的重要性

对船舶整个群体而言，船舶消防好比一场战役。为了最大限度地保证整个扑救过程的有效性和扑救效果，就必须建立科学高效的消防组织，并定期进行消防演习。根据设定的灭火项目进行综合演练，要以实战的要求、临战的态度、统一的指挥、科学的分工和群体的力量来实现“1+1>2”的整体优势，确保收到良好的演习效果。

# 第二章 船舶消防理论

船舶消防理论是“船舶防火与灭火”的理论基础。如何预防船舶火灾，如何扑救船舶火灾，都基于船舶消防理论。

## 第一节 燃烧

燃烧是一种现象。最常见的燃烧现象就是着火。但是在很长一段历史时期内，人们不清楚产生“火”的根本原因是什么。直到公元1772年，法国科学家拉瓦锡经过大量科学试验，给出了燃烧的定义，开启了经典燃烧理论之门。

经典燃烧理论认为，燃烧是可燃物质与氧或其他氧化剂发生剧烈氧化反应，瞬时放出大量的热和光的现象。其反应的特征是放热、发光、生成新物质。这里所说的“氧化反应”并不限于单纯的与氧的反应，其实际上包括在化学反应中，所有失掉电子的物质的化学反应。例如，铁在氯气中燃烧生成氯化亚铁。该反应中，铁原子失掉电子被氧化，氯原子获得电子被还原。铁和氯气的反应方程式：$2Fe+3Cl_2=2FeCl_3$。需要强调的是，并非所有的氧化反应都是燃烧，例如，铁在稀硫酸中生成硫酸亚铁和氢气的反应中铁也被氧化了，但没有发光发热现象，所以不能被称作燃烧。灯泡中的灯丝通电后虽然发光、发热，但并非氧化反应，所以也不能被称作燃烧。

### 一、燃烧三要素

在一般情况下，燃烧可以理解为可燃物和助燃物（最常见的是氧）间伴有发光发热的化学反应。上述反应过程中，除自燃现象外，都需要用着火源引发反应。所以，燃烧要素可以简单地表示为可燃物、助燃物和着火源。

1. 可燃物

凡是能与空气或其他氧化剂发生燃烧反应的物质均可被称为可燃物。海运货物中存在大量的可燃物,这些可燃物按其物理存在状态可分为固体、液体、气体。

在通常情况下,气体可燃物是最易燃烧的,诸如氢气、一氧化碳、甲烷、乙烯、乙炔、丙烷、丁烷等。它们可以直接和氧气混合,在明火状况下,产生燃烧。液体可燃物所燃烧的也是气体(蒸气),液体可燃物释放出气体(蒸气)的数量与温度有直接关系。温度是衡量可燃液体潜在危险程度的指标①。固体可燃物,如木材、煤炭等是先受热分解出水汽、气体和碳,之后才燃烧;有些固体必须经过蒸发、熔化、分解,才能燃烧;当固体可燃物被研磨成粉状后,易于燃烧。可燃物的燃烧过程如图 2-1-1 所示。

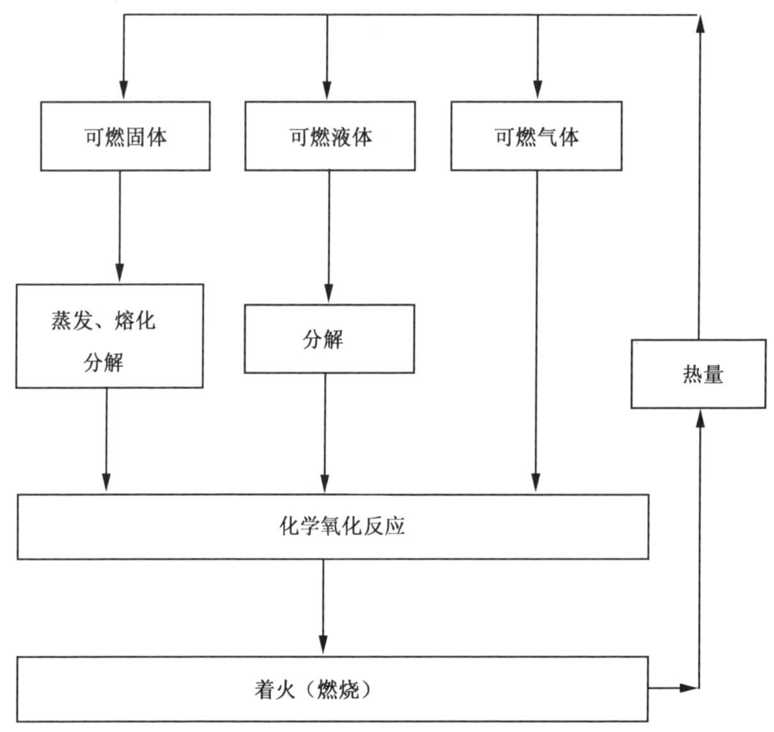


图 2-1-1 可燃物的燃烧过程

2. 助燃物

氧在燃烧过程中被称为助燃物,但是助燃物不止氧气。现代燃烧理论认为,能帮助支持可燃物燃烧的物质,即能与可燃物发生燃烧反应的物质称为助燃物(氧化剂)。助燃物本身不能燃烧,所以助燃物不是可燃物。但是没有助燃物,就不能产生剧烈的燃烧

① 实际上,此处的温度就是后续的闪点。

现象。在海运过程中,助燃物不只限于氧气。在《国际海运危险货物规则》(IMDG Code,以下简称《国际危规》)当中定义了一类物质,叫作“氧化物和过氧化物”。过氧化物是支持燃烧的。所以,我们在工作中经常遇到的助燃物包括两种:一种为氧气;另一种为过氧化物。

3. 着火源

着火源能够供给可燃物与氧或氧化剂发生燃烧反应所需的能量。常见的着火源是热能源,船舶上常见的热能源很多,包括明火、暗火、热表面(包括炽热体)、热工作业、火星、电火花、静电等。

明火是指带有火焰的火,如火柴、油灶的火。明火温度较高,一般为 700 ~ 2 000 ℃。暗火指不带有火焰的火,如烟头等。不论明火或暗火,都和船员的日常生活密切相关,稍有不慎或管理不严就很容易引起火灾。

船上机器的排气管、蒸汽管、锅炉外壳等都是热表面,如果溢油滴溅到这些热表面上,或者存储的衣物、棉纱等可燃物太靠近上述热表面,溢油、衣物、棉纱等可燃物就可能因吸热导致温度升高,引发火灾。炽热体是指本身在受高温作用过程中蓄积了大量热量的物体,例如刚刚焊接完的钢材。

船上有大量的电气设备,如果有线路短路、超负荷运作、设计安装错误、电线老化、绝缘失效以及乱拉电线等现象,将会导致电器或线路发热,从而引起火灾。

船舶修理通常会进行电焊、气焊、气割等作业,这些作业的火焰温度比明火(焰)的温度更高,威胁更大。

船舶上的火星包括从船舶烟囱里飞出的和由物体间撞击摩擦产生的。火星可以引燃一些可燃物,或者引起石油气体或其他可燃气体的爆炸。火星虽小,但危险却大。

电火花是在电位不等的两点间放电产生的火花。除此之外,静电经过积聚,达到一定水平后放电,也会产生电火花。沾了油的棉纱、破布、木屑等易燃物,如果暴露在空气中,再加上通风不良,时间长了就会氧化发热而发生自燃,酿成火灾。

## 二、燃烧条件

在某些情况下,虽然具备了可燃物、助燃物和着火源,但要么由于可燃物的数量不够,要么助燃物(氧气)的数量不足,或者着火源的热量不大,温度不够高,燃烧也不能发生。因此,三要素是燃烧的必要条件。燃烧三要素如图 2-1-2 所示。

可燃物、助燃物和着火源只是燃烧的三个必要条件,但燃烧的发生需要三个条件达到一定的量,并且存在相互作用的过程,这就是燃烧的充分条件。有焰燃烧还包括未受抑制的链式反应。有焰燃烧的充分条件总结如下:

1. 可燃物或可燃物挥发出的可燃气体浓度必须达到一定的程度

燃烧的实质是气体燃烧。只有在燃烧过程中,可燃气体、可燃液体的蒸气或是可燃固体熔解挥发出的气体与空气混合达到一定浓度,才会发生燃烧或爆炸。例如,常温下

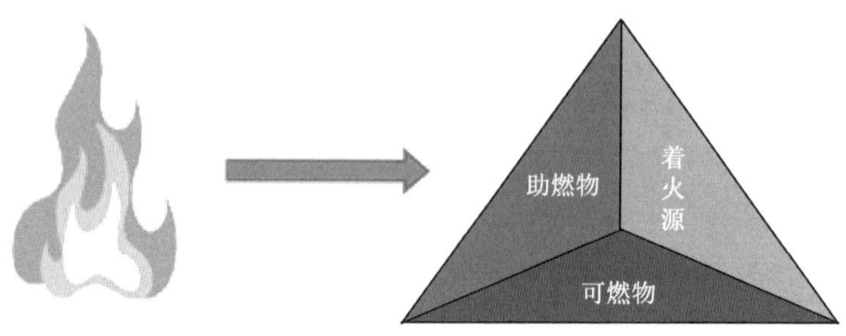


图 2-1-2 燃烧三要素

用明火接触煤油,煤油并不立即燃烧,这是因为在常温下煤油表面挥发的煤油蒸气量不多,没有达到燃烧所需的浓度,即使有足够的空气和着火源接触,也不能发生燃烧。照明用煤油在 40 ℃以下,液体表面的蒸气量不能达到燃烧所需的浓度。

2. 助燃物的一定浓度

各种不同的可燃物发生燃烧,均有本身固定的最低氧含量要求。氧含量低于这一浓度,即使其他必要条件已经具备,燃烧也不会发生。如:汽油燃烧的最低氧含量要求为 14.4%,煤油燃烧的最低氧含量要求为 15%,乙醚燃烧的最低氧含量要求为 12%。常见可燃物燃烧所需含氧量如表 2-1-1 所示。

表 2-1-1 常见可燃物燃烧所需含氧量

| 名称 | 汽油 | 乙醇 | 煤油 | 乙醚 | 氢气 |
|---|---|---|---|---|---|
| 含氧量 | 14.4% | 15% | 15% | 12% | 5.9% |

3. 点火能量达到最低要求

各种不同可燃物发生燃烧,均有本身固定的最小点火能量要求。达到这一能量才能引起燃烧反应,否则燃烧便不会发生。如:汽油的最小点火能量为 0.2 mJ,乙醚(5.1%)的最小点火能量为 0.19 mJ,甲醇(2.24%)的最小点火能量为 0.215 mJ。

4. 三要素之间的相互作用

实际上,对于三要素“最低量”的要求是变化的。如氧浓度的变化会改变可燃气体、液体和部分可燃物的燃点,压力和温度的变化也会对液态和气态可燃物的燃烧有影响等。

燃烧三要素都达到最低的量,这只是燃烧的基本条件。燃烧要发生,还必须使以上三个条件相互作用。

5. 未受抑制的链式反应[①]

对有焰燃烧，根据燃烧的链锁反应理论，当可燃物受热分(裂)解时，就会产生游离基(自由基)。这些游离基作为"中间体"能与其他的游离基或分子起反应，从而使燃烧按链式反应的形式扩展。因此，有焰燃烧的发生需要未受抑制的链式反应。

综合以上论述，燃烧形成的充分条件包括六个因素，即可燃物、点火源、助燃物、适当配比、混合作用、链式反应。但是上述条件会随着环境的变化而变化。所以给定燃烧的充分条件是非常困难的。

## 第二节 燃烧类型

燃烧类型是指具有共同特征但表现形式不同的燃烧现象。根据燃烧所表现的不同形式，可以将燃烧分为闪燃、燃烧(着火)、自燃和爆炸四种类型。掌握不同燃烧类型发生的条件，对预防火灾的发生和有效扑灭火灾有重大的指导意义。

燃烧是一类现象，但是在燃烧现象的发生过程中，由于可燃物、含氧量、燃烧空间等条件的不同，又有不同的燃烧表现。根据不同的燃烧表现可划分出不同的燃烧类型。

### 一、闪燃

1. 闪燃的定义

闪燃是指可燃液体(包括可熔化的少量固体，如石蜡、樟脑)在一定的温度条件下，挥发出的蒸气与空气混合后，达到一定浓度时，遇明火产生一闪即灭(5 s 以内)的燃烧现象。

发生闪燃，是因为在当时的温度条件下，易燃液体蒸发出来的可燃气体的蒸发速度慢，蒸发量较小，其蒸发量仅能维持一刹那的燃烧，而来不及补充新的蒸气来维持稳定的燃烧，所以燃烧一闪即灭。

闪点表示可燃液体发生闪燃现象的最低温度。闪点的测定有两种方法：一种为闭杯闪点测试法；另一种为开杯闪点测试法。对于闪点在 150 ℃以下的可燃液体，用闭杯法测定；反之，用开杯法测定。部分易燃和可燃液体的闪点如表 2-2-1 所示。

---

① 现代理论认为，燃烧是一种游离基的链锁反应(链式反应)，在反应过程中发光、放热。这个理论将燃烧的链式反应分为三个阶段：链引发、链传递、链终止。链引发阶段，即产生游离基并形成反应链的阶段。产生游离基的方法有很多，包括但不限于点燃、光照、辐射、催化、加热。少数物质间会自发化合引发燃烧，如氟气和氢气在冷暗处就能剧烈燃烧引发爆炸。链传递阶段，游离基与其他分子产生反应的同时又产生更多的游离基，更多的游离基与更多的分子产生反应，产生更大数量的游离基，使燃烧持续甚至扩大。链终止阶段，游离基失去能量或者所有物质反应尽，没有新游离基产生而使反应链断裂，反应结束。

表 2-2-1　部分易燃和可燃液体的闪点

| 名称 | 闪点/ ℃ | 名称 | 闪点/ ℃ | 名称 | 闪点/ ℃ |
|---|---|---|---|---|---|
| 汽油 | -50 | 乙苯 | 23.5 | 丁二烯 | 41 |
| 煤油 | 37.8~73.9 | 丁苯 | 30.5 | 氢氰酸 | -17.5 |
| 柴油 | 60~110 | 甲酸丙酯 | -3 | 二硫化碳 | -45 |
| 原油 | -6.7~32.2 | 乙酸丙酯 | 13.5 | 苯乙烯 | 38 |
| 甲醇 | 11.1 | 乙醇 | 12.78 | 乙醚 | -45 |
| 己烷 | -20 | 乙醛 | -17 | 丙酮 | -10 |
| 苯 | -14 | 甲酸 | 69 | 松香水 | 6.2 |
| 甲苯 | 5.5 | 乙酸 | 42.9 | 松节油 | 32 |

2. 闪点在消防上的应用

在海运过程中,闪点的高低可以作为评价可燃液体火灾危险性的依据。当运输可燃液体的温度高于其闪点时,随时都有被点燃的危险。

(1)闪点是表示可燃液体性质的指标之一。如果热能源的温度低于闪点,液体不会发生火灾危险。液体的闪点越低,火灾危险性就越大。

(2)闪点是评定可燃液体火灾危险性的重要因素①。易燃液体是《国际危规》中的第三类危险品。根据《国际危规》第 3 类易燃液体第 3.5 款易燃性划分危险类别规定,就包装而言,根据其闪点、沸点和黏度对易燃液体进行分类。《国际危规》中根据包装要求对可燃液体进行的分类如图 2-2-1 所示。

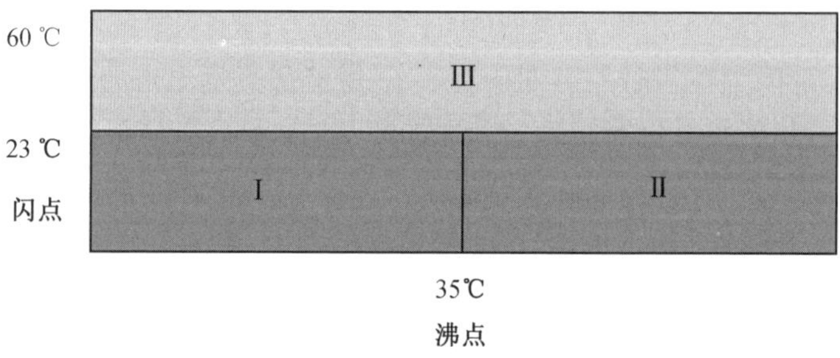


图 2-2-1　《国际危规》中根据包装要求对可燃液体进行的分类

在《国际危规》中,评定易燃液体的危险性有两个关键的数据:一个是闪点;另一个是沸点。《国际危规》按照包装要求将可燃液体划分为三类:第一类为闪点小于 23 ℃、

① 美国州际商会把闪点等于或低于 27 ℃的液体列为高火险液体。选择 27 ℃作为分界点,是因为这个温度代表通常或室内温度的上限,任何液体在此或较低温度闪燃都是危险的。闪点在 27 ℃~177 ℃表示中度火险,闪点在 177 ℃以上只有轻微火险。美国消防协会(NFPA)认为:当液体的闪点低于 93.7 ℃时,就可称之为易燃液体。

沸点小于或等于 35 ℃的可燃液体；第二类为闪点小于 23 ℃、沸点大于 35 ℃的可燃液体；第三类为闪点大于等于 23 ℃以及小于等于 60 ℃的可燃液体。第一类和第二类都是闪点低于 23 ℃的可燃液体。

在《化学品分类和危险性公示通则》(GB 13690—2009)中，易燃液体是指闪点不高于 93 ℃的液体。所以通则在《国际危规》的基础上，增加了第四类：闪点大于 60 ℃以及小于等于 93 ℃的范围；闪点高于 93 ℃的，不属于易燃化学品范围之内。化学品分类标准中对可燃液体进行的分类如图 2-2-2 所示。

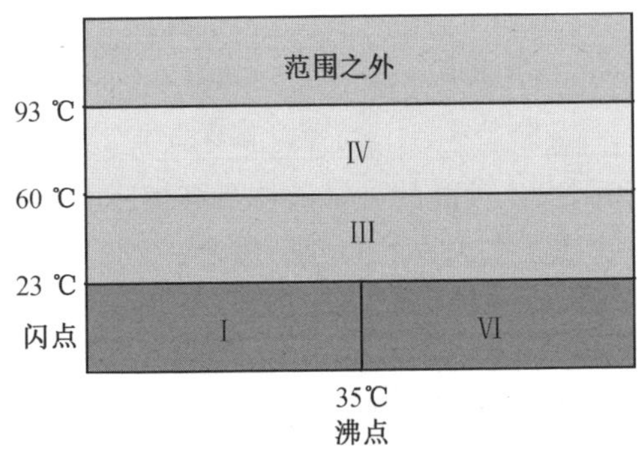


图 2-2-2 化学品分类标准中对可燃液体进行的分类

另外，我国在生产和储存可燃液体方面亦有规定。《建筑设计防火规范》(GB 50016—2014) 将易燃液体的火灾危险性分为三级，闪点小于等于 28 ℃的为一级，大于 28 ℃小于 60 ℃为二级，大于等于 60 ℃为三级。

当运输可燃液体时，对于明确给定闪点的易燃液体，按照其分类进行管理；对于没有给定闪点资料的易燃液体，按照一级易燃液体管理。

## 二、燃烧(着火)

可燃物质在空气充足的条件下，达到一定温度与火源接触即行着火，移去火源后仍能持续燃烧达 5 s 以上，这种现象称为燃烧或着火。

着火点(燃点)是能产生燃烧现象所需要的最低温度。一般的规律是：高闪点可燃液体的着火点一般高于其闪点 5~20 ℃。但闪点在 100 ℃以下时，易燃液体的燃点比其闪点高出 1~5 ℃，几乎没有区别；液体的闪点越低，差别越小。实际上在敞口容器中很难把易燃液体的闪燃和燃烧(着火)区别开。在没有闪点数据的情况下，也可以用着火点表征易燃液体发生火灾的危险程度。部分可燃物质的燃点如表 2-2-2 所示。

表 2-2-2 部分可燃物质的燃点

| 名称 | 燃点/℃ | 名称 | 燃点/℃ |
|---|---|---|---|
| 豆油 | 220 | 布匹 | 200 |
| 松节油 | 53 | 松木 | 250 |

续表

| 名称 | 燃点/℃ | 名称 | 燃点/℃ |
|---|---|---|---|
| 石蜡 | 158~195 | 赛璐珞 | 100 |
| 蜡烛 | 70 | 醋酸纤维 | 320 |
| 樟脑 | 70 | 涤纶纤维 | 390 |
| 纸张 | 130 | 腈纶 | 355 |
| 棉花 | 210~255 | 聚乙烯 | 341 |
| 麻绒 | 150 | 有机玻璃 | 260 |
| 麻 | 150~200 | 聚丙烯 | 270 |
| 木材 | 250~300 | 聚氯乙烯 | 391 |

燃点对可燃固体和闪点比较高的可燃液体具有实际意义。将上述物质的温度控制在燃点以下,是预防该物质发生火灾的有效措施之一。

## 三、自燃

自燃指可燃物质在空气中未接触明火源,在一定条件下自行燃烧的现象。发生自燃现象的最低温度称为自燃点。根据点火源的来源不同,自燃分为本身自燃和受热自燃。

1. 本身自燃

常温下由于可燃物本身内部的生物(植物的有氧呼吸)、物理(吸潮膨胀而产生的热)、化学的作用而产生热,在一定条件下,积热不散、温度升高,达到该物质的自燃点而发生的自行燃烧被称为本身自燃(有时也被称为蓄热自燃或自热自燃)。能发生本身自燃的物质有植物、油脂(沾上油脂的棉、麻织物)、煤等。图 2-2-3 中所示为货舱中煤在自燃。

图 2-2-3　货舱中煤在自燃①

① 图片来自《固体散货安全操作规则》。

部分可燃物质在空气中的自燃点如表 2-2-3 所示。

**表 2-2-3 部分可燃物质在空气中的自燃点**

| 名称 | 自燃点/℃ | 名称 | 自燃点/℃ |
|---|---|---|---|
| 汽油 | 415~530 | 煤油 | 210 |
| 石油 | 约 350 | 二硫化碳 | 112 |
| 氢 | 572 | 木材 | 250~350 |
| 一氧化碳 | 609 | 褐煤 | 250~450 |
| 木炭 | 350~400 | 乙烷 | 248 |
| 辛烷 | 218 | 棉纤维 | 530 |
| 乙炔 | 305 | 甲醇 | 498 |
| 苯 | 580 | 乙醇 | 470 |
| 锌 | 680 | 镁 | 520 |

2. 受热自燃

可燃物质在外部热源作用下温度升高，达到其自燃点而自行燃烧，称之为受热自燃。可燃物质与空气一起被加热时，首先缓慢氧化，氧化反应热使物质温度升高，同时由于散热也有部分热损失。若反应热大于损失热，则氧化反应加快，温度继续升高，达到物质的自燃点而自燃。在生产中，可燃物质由于接触高温热表面、加热或烘烤、撞击或摩擦等，均有可能导致自燃。图 2-2-4 是货舱里的松木受到 500 W 照明灯的照射后，发生自燃的试验①。

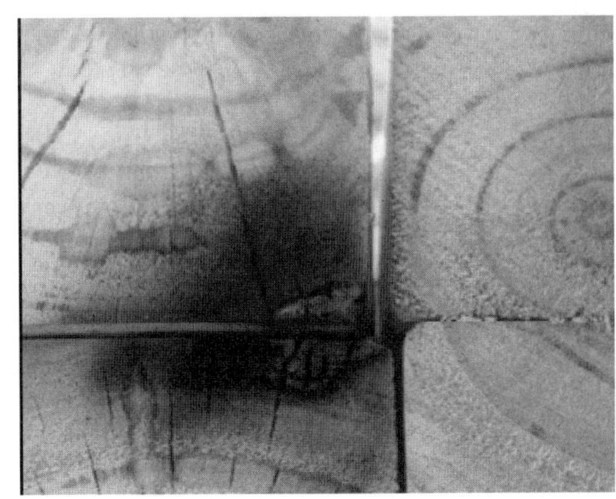

**图 2-2-4 物质的受热自燃**

① 新西兰海事调查报告(MO-2017-205)《关于多用途船 KOKOPO Chief 货舱火灾》。

在运输自燃货物时，应该经常测量舱温，以保证舱温低于所运输货物的自燃点。同时在积载此类货物时，应对此类货物采取与热源隔离、妥善包装、防止潮湿、良好通风等措施。

## 四、爆炸与爆炸极限

爆炸是指物质从一种状态迅速转变成另一种状态，并在瞬间放出大量能量，同时产生声响的现象。爆炸是由物理变化和化学变化引起的。构成爆炸体系的高压气体作用到周围物体上，使物体受力过大且不平衡，从而遭到破坏。

### 1. 爆炸分类

爆炸不只是一个简单的狭义化学概念。在船舶上包括物理爆炸、化学爆炸、核爆炸。

物理爆炸：物质因状态或压力发生突变而形成的爆炸叫物理爆炸。例如蒸汽锅炉、压缩气体、液化气体钢瓶过压等引起的爆炸，都属于物理爆炸。物质的化学成分和化学性质在物理爆炸后均不发生变化。

化学爆炸：爆炸性物质本身发生了急剧的化学变化，生成了大量气体和较高温度而形成的爆炸叫化学爆炸。例如炸药、可燃气体、粉尘与空气的混合物发生的爆炸就是化学爆炸。物质的化学成分和化学性质在化学爆炸后均发生了质的变化。

核爆炸：由原子核裂变或核聚变引起的爆炸叫核爆炸，如原子弹、氢弹的爆炸就属于核爆炸。

在船舶上爆炸一般是以突发或偶发事故的形式出现的，而且往往伴随火灾。爆炸所形成的危害性严重，损失也较大。“韩进-宾夕法尼亚”号集装箱船爆炸如图 2-2-5 所示。

由于物理爆炸和核爆炸的产生机理不同于化学爆炸，所以其防止爆炸产生的方法也不相同。例如：乙炔分解爆炸的临界压力是 0. 14 MPa，在这个压力以下贮存乙炔就不会发生分解爆炸。

### 2. 爆炸极限

船舶上常见的爆炸形式是气体爆炸①和粉尘②爆炸。

可燃气体（包括蒸气）或可燃性粉尘与空气按一定比例均匀混合，而后点燃，这时气体或粉尘的燃烧速度有可能达到爆炸的程度。这种气体或粉尘与空气的混合物，称为爆炸性混合物。

---

① 气体爆炸包括：纯组元气体（如乙炔气体）爆炸和混合气体（油气）爆炸。混合气体（油气）爆炸较常见。纯组元气体比较少见，以乙炔为例说明纯组元气体爆炸的过程。乙炔分解爆炸方程为：$C_2H_2 \rightarrow 2C(固) + H_2 + 226\ kJ$ 如果分解反应无热损失，火焰温度可以高达 3 100 ℃，非常危险。

② 任何可燃物质，当其呈粉尘形式与空气以适当比例混合时，被热、火花、火焰点燃，都能迅速燃烧并引起严重爆炸。许多粉尘，例如谷物、面粉、煤的粉尘以及金属粉末都有这方面的危险性。

图 2-2-5 “韩进-宾夕法尼亚”号集装箱船爆炸

可燃气体或蒸气与空气的混合物，并不是在任何组成下都可以燃烧或爆炸。可燃气体、蒸气、粉尘等与空气混合的混合物必须在一定的浓度范围内，遇着火源才能发生爆炸，这个浓度的最低值叫下限，最高值叫上限。爆炸极限一般用可燃气体或蒸气在混合气体中的体积百分数表示，有时也用单位体积可燃气体的质量($kg \cdot m^{-3}$)表示。

可燃气体或蒸气与空气的混合物，若其浓度在爆炸下限以下或爆炸上限以上，便不会着火或爆炸。在空气中部分可燃气体和蒸气的爆炸极限如表 2-2-4 所示。

表 2-2-4 在空气中部分可燃气体和蒸气的爆炸极限

| 物质名称 | 爆炸下限(%) | 爆炸上限(%) | 物质名称 | 爆炸下限(%) | 爆炸上限(%) |
|---|---|---|---|---|---|
| 氢气 | 4 | 75 | 乙烯 | 2.75 | 34 |
| 乙炔 | 2.5 | 82 | 丙烯 | 2 | 11 |
| 甲烷 | 5 | 15 | 氨 | 15 | 28 |
| 乙烷 | 3 | 12.45 | 环丙烷 | 2.4 | 10.4 |
| 丙烷 | 2.1 | 9.5 | 一氧化碳 | 12.5 | 74 |
| 乙醚 | 1.9 | 40 | 丁烷 | 1.5 | 8.5 |

3. 最小点火能量

每一种气体爆炸混合物都有一个起爆的最小点火能量,低于该能量,混合物就不会爆炸。掌握各种气体混合物爆炸所需要的最小点火能量,对有爆炸危险的场所判断哪种火源能引起爆炸事故具有重要的意义。

4. 影响爆炸极限的因素

同一种可燃气体和液体蒸气的爆炸极限会受温度、压力、含氧量、容器的体积以及热源能量等因素影响。

(1) 温度:初始温度升高,则爆炸下限会降低,上限会增高,爆炸极限扩大,爆炸的危险性就会增加。初始温度对混合物爆炸极限的影响如表 2-2-5 所示。

**表 2-2-5　初始温度对混合物爆炸极限的影响**

| 物质 | 初始温度/℃ | $L_{下}$(%) | $L_{上}$(%) |
|---|---|---|---|
| 煤气 | 20 | 6.0 | 13.4 |
| | 100 | 5.45 | 13.5 |
| | 200 | 5.05 | 13.8 |
| | 300 | 4.40 | 14.25 |
| | 400 | 4.0 | 14.7 |
| | 500 | 3.65 | 15.35 |
| | 600 | 3.35 | 16.4 |
| | 700 | 3.25 | 18.7 |
| 丙酮 | 0 | 4.2 | 8 |
| | 50 | 4.0 | 9.8 |
| | 100 | 3.2 | 10.0 |

(2) 压力:混合气体在压力条件下的爆炸下限无明显变化,但上限一般都会有明显提高。当混合气体的原始压力减小时,爆炸极限的范围将缩小,当压力降低到某一数值时,上限和下限会合成为一点,压力再降低,就不会发生爆炸。这一最低压力就称为爆炸的临界压力。初始压力对甲烷爆炸极限的影响如表 2-2-6 所示。

**表 2-2-6　初始压力对甲烷爆炸极限的影响**

| 物质 | 初始压力/MPa | $L_{下}$(%) | $L_{上}$(%) |
|---|---|---|---|
| 甲烷 | 0.1013 | 5.6 | 14.3 |
| | 1.1013 | 5.9 | 17.2 |
| | 5.065 | 5.4 | 29.4 |
| | 12.66 | 5.7 | 45.7 |

(3) 含氧量:混合气体中含氧量增加,爆炸极限就会扩大。如掺入氮或二氧化碳等不燃烧的惰性气体,混合气体中氧浓度降低,爆炸的危险性就会降低。油船货舱中充灌惰性气体,就是利用此原理防止爆炸。

(4) 容器的体积:容器的直径越小,火焰在其中的蔓延速度越慢,爆炸极限范围也越小。燃烧是自由基进行一系列链锁反应的结果。只有自由基的产生数大于消失数时,燃烧才能继续进行。随着管道直径的减小,自由基与器壁碰撞的概率增加,有碍新自由基的产生。当管道直径小到一定程度时,自由基消失数大于产生数,燃烧便不能继续进行。

(5) 热源能量:即点火能量,若火源强度高,热表面积大,且与混合气体接触时间长,就会使爆炸极限扩大,使爆炸危险性增加。热源能量对爆炸极限的影响如表 2-2-7 所示。

**表 2-2-7 热源能量对爆炸极限的影响**

| 热源(电火花)能量 | | 甲烷爆炸极限 |
|---|---|---|
| 电流/A | 电压/V | |
| 1 | 100 | 0 |
| 2 | | 5.9%~13.6% |
| 3 | | 5.85%~14.8% |

## 第三节 燃烧产物

船舶发生火灾时,可燃物质燃烧会发生剧烈的氧化放热反应,释放出大量的热量和有毒气体,给船员的生命安全和船舶自身安全带来巨大的危险。

可燃物质在与空气中的氧气发生剧烈的化学反应时,所产生的气体、蒸气和固体物质等,称为燃烧产物。燃烧产物中有不少有毒有害气体,往往会通过呼吸道侵入或刺激眼结膜、皮肤黏膜使人中毒甚至死亡。据统计,在火灾中死亡的人员中约80%是由于吸入毒性气体中毒而致死的。燃烧产物的危害性主要表现在烟气具有有毒有害性、高温高热性、减弱透光性和恐怖性。

### 一、燃烧产物(烟气)具有有毒有害性

燃烧产物(烟气)的成分取决于可燃物质的化学结构和燃烧条件。根据化学结构的不同,海运中涉及的可燃物质可分为有机物和无机物。

1. 有机物的燃烧产物(烟气)

大部分可燃物质都是有机化合物,主要由碳、氢、氧、硫等组成,如果燃烧时含氧量

充足，温度高且高于燃点温度，则为完全燃烧，其燃烧产物（烟气）包括二氧化碳、水蒸气、含硫气体等。如果含氧量不足或温度不稳定且低于燃点温度，则为不完全燃烧，其产物为一氧化碳、烟、焦炭等。船舶在发生火灾时，一方面由于采取了切断通风等控制火灾的措施，燃烧往往都是不完全燃烧；另一方面由于船舶的舱室空间狭小且通风不好，在火场内部就会有大量的一氧化碳等有毒气体产生。一氧化碳为一种无色无臭的有毒可燃气体，在空气中的含量只要达到很小的浓度（约 0.05%），人体就有中毒的危险，浓度达到 0.5%~1%就能在 5 min 内致人死亡。因此，为了保证人员在消防过程中的安全和灭火任务的成功完成，必须加强对消防人员的防护措施，有效避免火灾时危险燃烧产物（烟气——主要是危险气体）可能造成的危害。

人正常所需要的氧浓度应大于 16%，而烟气中含氧量往往低于此数值。有关实验表明：当空气中含氧量降低到 15%时，人的肌肉活动能力下降；降到 10%~14%时，人就四肢无力，智力混乱，辨不清方向；降到 6%~10%时，人就会晕倒；低于 6%时，短时间内，人就会死亡。据测定，实际的着火房间中氧的最低浓度可降至 3%左右，可见在发生火灾时人们要是不及时逃离火场是很危险的。

另外，火灾产生的烟气中含有大量的各种有毒气体，其浓度往往超过人的生理正常所允许的最高浓度，会造成人员中毒死亡。试验表明：氢氟酸的浓度达到 270ppm，人立即死亡；氯化氢的浓度达到 2 000ppm 以上时，人在数分钟内死亡；二氧化碳的浓度达到 10%时，人在短时间内死亡。

2. 无机物的燃烧产物

海运过程中也有部分无机可燃物，例如磷、硫、轻金属、直接还原铁（DRI）等。以直接还原铁为例，直接还原铁堆装在船舶货舱里，首先，会由于氧化反应而升温（$4Fe+3O_2=2Fe_2O_3+Q$）到 50 ℃；这个过程会消耗大量氧气，造成货舱缺氧；其次，当直接还原铁遇到水时，就会发生氧化还原反应，在这个反应中缓慢地释放出氢气和大量热量［$3Fe+3H_2O \rightarrow Fe_2O_3+3H_2$，$2Fe+2H_2O \rightarrow 2Fe(OH)_2+Q$］，特别是直接还原铁遇到海水后，上述反应将会加剧。

从化学反应本身来看，这个过程未生成有毒气体，但是由于与船舱里的空气发生氧化反应消耗了大量的氧气，致使进入船舱的人员会因氧气不足而窒息。

## 二、燃烧产物（烟气）具有高温高热性

烟气中载有大量的热量，人在这种高温、湿热环境中极易被烫伤。烫伤体现在两个方面：皮肤的烫伤和呼吸道的烫伤。

## 三、燃烧产物（烟气）具有减弱透光性

可见光的波长为 0.4~0.7 μm，一般火灾烟气中烟粒子的粒径为几微米到几十微米，即烟粒子的粒径大于可见光的波长。这些烟粒子对可见光是不透明的，其对可见光有完全的遮蔽作用，当烟气弥漫时，可见光因受到烟粒子的遮蔽而大大减弱，导致能见

度大大降低。

### 四、燃烧产物(烟气)对人具有恐怖性

发生火灾时,火焰和烟气冲出门窗、孔洞,浓烟滚滚,烈火熊熊,使人产生了恐慌感,有的人甚至失去理智,惊慌失措,往往给火场内的人员安全疏散造成混乱局面。

## 第四节 火灾的蔓延

通过前面的学习,我们知道了火灾的必要条件和充分条件。本节主要介绍火灾是如何从小到大不断蔓延的。

### 一、火灾的蔓延机理

在船舶生产营运过程当中,可燃物和助燃物(氧气)是时刻存在的,所以从这两个方面入手,控制火灾是不可行的,因此我们就可以得出结论:控制火灾必须控制住火源(热量)。我们还知道热量具有三种传播方式:传导、对流、辐射,所以控制火灾就必须控制住热的传导、对流和辐射。

1. 热传导

热通过直接接触的物体从温度较高部位传递到温度较低部位,叫作热传导。其实质是组成物体的分子或原子通过其振动,将热量从高温部分传递到低温部分。在火灾的初期阶段,对火灾蔓延起主要作用的是热传导。

(1)影响热传导的因素

不同的物质的热传导能力不同。固体物质是较强的热导体,在固体中又以金属的导热性最强,其次是液体物质,气体物质最弱。一般金属物质较非金属物质导热性强,如钢材的导热性是木材的350倍,铝的导热性比木材强1 000倍。

影响热传导的因素有温度差、材料(导热系数)、导热物体的厚度(距离)和截面积、时间长短等。

船舶上的热传导如图2-4-1所示。

(2)热传导与火灾的关系

在热量通过导热物体从一处传到另一处的过程中,有可能引起与其接触的可燃物燃烧。导热系数大的物体(如金属)更易成为火灾发展蔓延的途径。在火灾扑救中,应对被火灾加热的金属物体、管道进行冷却,清除与被加热金属材料相连的可燃物质,或用隔热材料将可燃材料与被加热的金属物隔开。

2. 热对流

热量通过流动介质(液体或气体)将热量由空间中的一处传到另一处的现象叫作

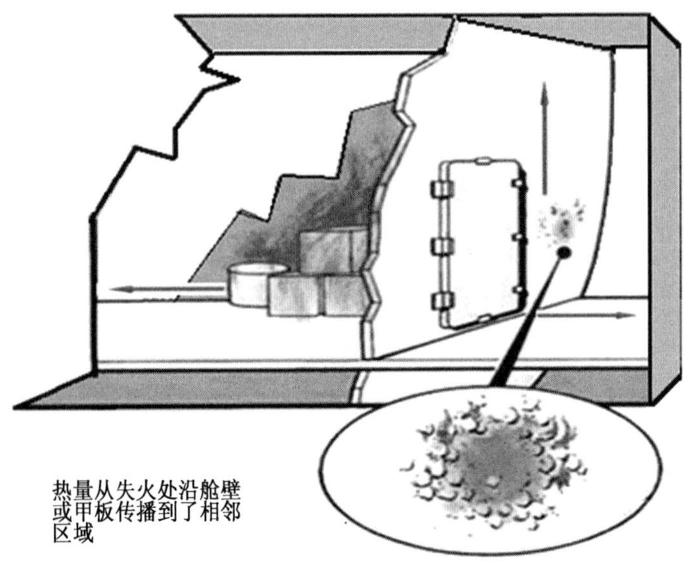


图 2-4-1　船舶上的热传导

对流。在火灾的发展阶段,空气对流起主要作用。

在船舶上对流还可分为自然对流和强制对流。自然对流是由于流体各部分的密度不同而发生的。如热设备附近空气受热膨胀向上流动及火灾中热气体(主要是燃烧气态产物)的上升流动;而冷(新鲜)空气则与其做相反方向流动。鼓风机、排风机等设备可以使气体、液体强制对流。发生火灾时,如通风机械还在运行,会加速火势蔓延。

(1) 影响热对流的因素

通风孔洞面积和高度、温度差、通风孔洞所处位置的高度等都会影响热对流。

(2)热对流与火灾的关系

船舶发生火灾后,烟气流动(对流)的方向通常是火势蔓延的主要方向。一般,500 ℃以上热烟所到之处,遇到的可燃物都有可能被引燃,引起新的燃烧。热气流密度比冷空气小,一般多是向上传播,能引起顶部楼板、天花板等可燃物燃烧。遇到水平楼板或顶棚时,改为水平方向继续流动,这就形成了烟气的水平扩散。烟气的水平流动造成火灾从起火房间蔓延至周边的梯道、走廊。如果高温烟气的温度不降低,那么上层将是高温烟气,而下层是常温空气,形成明显的分离的两个层流流动。实际上,烟气在流动扩散过程中,由于有冷空气掺混及舱壁、顶棚等结构的冷却,温度逐渐下降。逐渐冷却的烟气和冷空气流向燃烧区,形成了室内的自然对流,火越烧越旺。

烟气扩散流动速度与烟气温度和流动方向有关。烟气在水平方向的扩散流动速度较小,在火灾初期为 0.1~0.3 m/s;在火灾中期为 0.5~0.8 m/s。烟气在垂直方向的扩

散流动速度较大，通常为 1~5 m/s。在船舶的楼梯间或管道竖井中，由于烟囱效应[①]产生的抽力，烟气上升流动速度更大，可达 6~8 m/s，甚至更大。

船舶上的（烟气）热对流如图 2-4-2 所示。

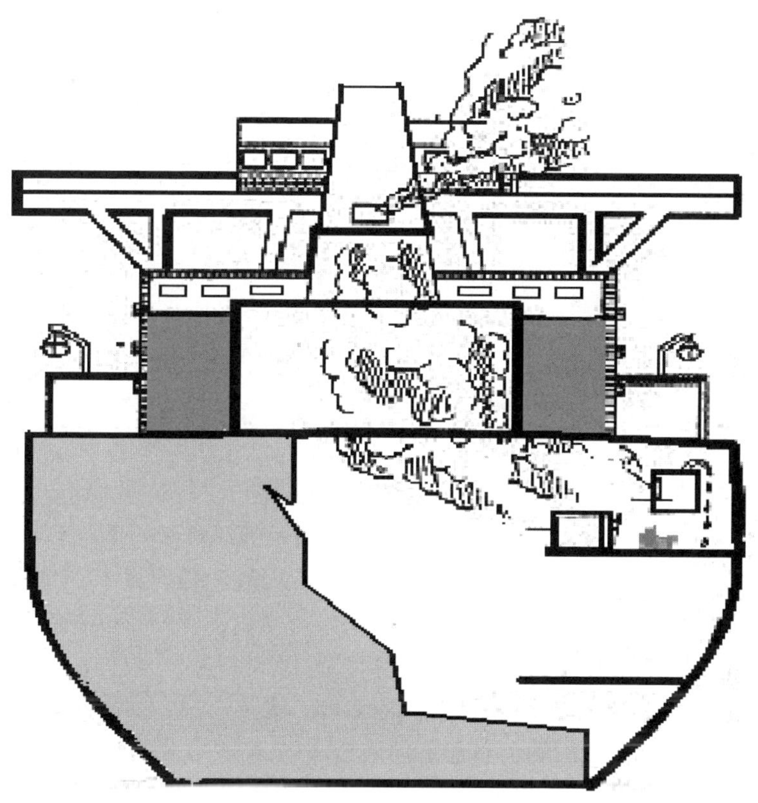

图 2-4-2　船舶上的（烟气）热对流

烟气（燃烧产物）流动的驱动力包括室内外温差引起的烟囱效应，外界风的作用、通风空调系统的影响等。新鲜空气通过上述设备的通风孔、通风口源源不断地流进燃烧区域，供应持续燃烧。

为了防止火势通过热对流发展蔓延，主要应控制通风口开、闭状态或者冷却热气流，以及将热气流导向没有可燃物或火灾危险较小的方向，来防止火灾蔓延。

3. 热辐射

以电磁波形式传递热量的现象，叫作热辐射。这种热射线是肉眼看不见的，但我们可以感受到它的存在及其强度的大小。任何物体（气体、液体、固体）都能把热量以电

① 当船舶结构内发生火灾后，内部空气因受热而温度增高，船舶结构内外空气的密度随之发生变化。在火灾的作用下，船舶结构内空气将发生向上运动，船舶结构越高，这种流动性越强。这种现象通常被称为烟囱效应。船舶垂向（客船的中庭）结构是发生这种现象的主要场合。在火灾过程中，烟囱效应可影响烟气向上蔓延的速度，它能影响整个防火结构区（主竖区），甚至影响全船。

磁波的形式辐射出去,同时也能吸收别的物体辐射出来的热能。热辐射不需要通过任何介质,通过真空也能辐射。当有两个不同温度的物体并存时,温度较高的物体将向温度较低的物体辐射热能,直到物体温度渐趋平衡。

船舶货舱的热辐射如图 2-4-3 所示。

图 2-4-3　船舶货舱的热辐射

当火灾处于猛烈燃烧阶段,火场温度较高,辐射成为热传播的主要形式。热辐射的热量和火灾温度的四次方成正比(即燃烧物温度越高,辐射强度越大)。被辐射物的受热量与它和放射物的距离的平方成反比(即距离近,受热多;距离远,受热少)。为了减弱受到的辐射热量,可增加受辐射物体与辐射源的距离和夹角。灭火人员使用水枪灭火时,要选择适当角度,以减少受到辐射热的影响。灭火时,可利用移动式屏障或水枪喷射的水幕,遮蔽或减少辐射热。在船舶消防行动中,需要对受到辐射热影响的船舶结构进行冷却,降低其温度,防止火灾蔓延扩大,或者防止火灾对船舶结构造成进一步的破坏。

上面根据热量传播的三种途径,解释了火灾传播的过程。实际上,火灾蔓延还有一种途径,就是火焰延烧(直接燃烧)。直接燃烧是可燃材料释放(挥发、蒸发、热解等)足够的可燃气体,并在明火作用下的燃烧方式。

## 二、火灾的发展变化过程

1. 室内火灾的发展变化过程

(1)火灾初起阶段

火灾初起时,明火焰的规模和燃烧面积非常小;燃烧仅限于着火点处的可燃物;室内各点的温度不平衡,局部温度较高;燃烧过程不稳定;可燃物的燃烧受到自身性能、室内位置和舱室的通风、散热等条件的影响。随着燃烧的发展,燃烧产物中有水汽、二氧化碳产生,还产生少量的一氧化碳和其他气体,此时已经有明显的热量散发,火焰附近的温度可能在 500 ℃以上,平均室温略有增加。这一阶段火势发展的快慢随着引起火

灾的火源、可燃物的特点不同而呈现不同的趋势。室内火灾的初期如图 2-4-4 所示。

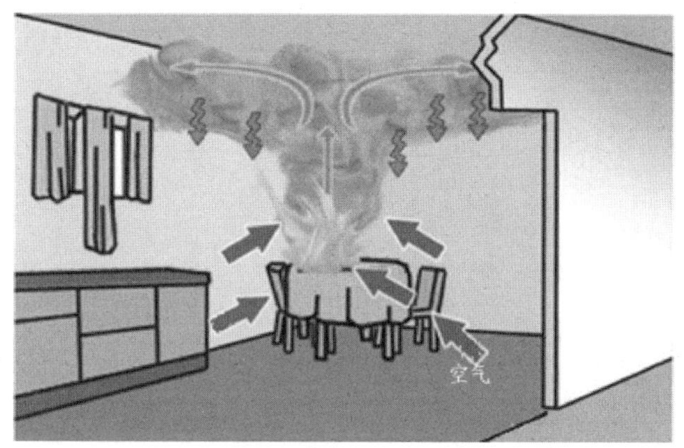


图 2-4-4　室内火灾的初期

（2）火灾发展阶段

火灾发展阶段也称为自由燃烧阶段。在这个阶段辐射热急剧增加，辐射面积增大，燃烧会扩大到整个室内，周围环境温度逐步上升，物质分解生成烟和毒性气体，并随热气流上升到舱室顶部；高温的烟粒子向四周辐射热量，引起室内可燃物热分解，产生大量可燃气体。舱室内的上层气温达 400～600 ℃即发生轰燃，火灾达到全面发展阶段。室内火灾的发展如图 2-4-5 所示。

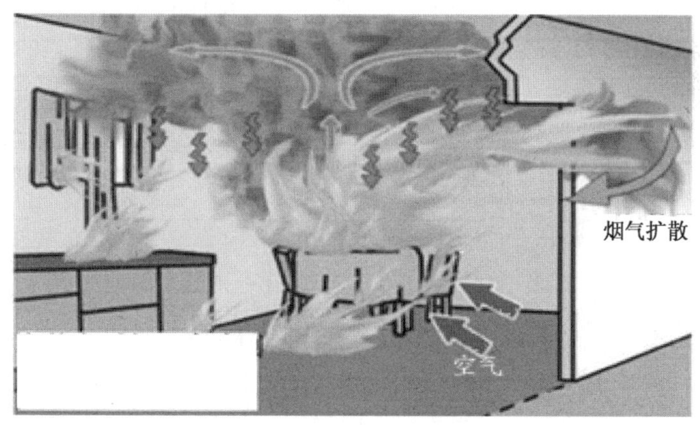


图 2-4-5　室内火灾的发展

（3）火灾猛烈燃烧阶段

轰燃发生后，室内可燃物出现全面燃烧，可燃物热辐射热量的速度急剧增加，室温迅速上升，并出现持续高温。整个火场处于高温状态。火焰包围所有可燃物，燃烧速度最快，环境温度明显上升，温度可达 700 ℃以上。之后，火焰和高温烟气在火、风、压的作用下，从房间的门窗、孔洞等处大量涌出，沿走廊、舱室顶部迅速向水平方向蔓延扩散。同时，由于烟囱效应的作用，火势会通过竖向楼梯及管井空间等向上蔓延。室内火灾的全面燃烧如图 2-4-6 所示。

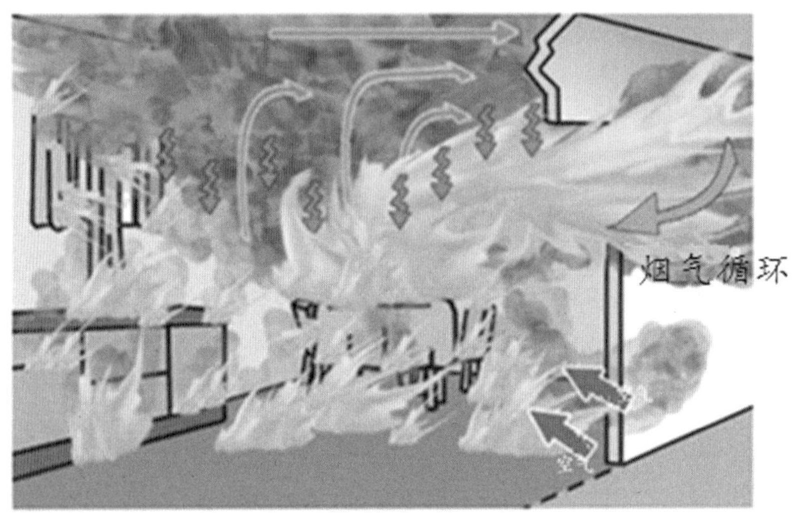


图 2-4-6　室内火灾的全面燃烧

(4)火灾减弱阶段

随着燃烧的不断进行,可燃物的数量也逐渐减少。如果通风不良,有限空间内氧气被渐渐消耗,则可燃物不再发出火焰,已燃烧的可燃物呈阴燃状态,室内温度降至 500 ℃左右。但是,这样的高温仍能使可燃物分解出较轻的气体,如氢气、甲烷等。这时,如进行不合理的通风,突然引入较多的新鲜空气,则仍有发生爆燃的危险。室内火灾的发展过程如图 2-4-7 所示。

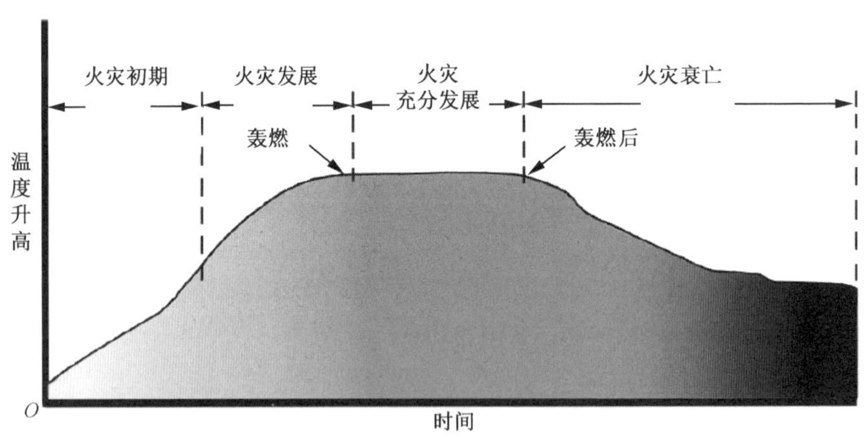


图 2-4-7　室内火灾的发展过程

2. 室外火灾的发展过程

室外火灾一般无明显的阶段之分。室外火灾由于氧气充足,起火后很快便会发展

到猛烈阶段。当可燃物燃尽时,迅速进入减弱阶段。

## 第五节 火灾的分类及特点

不同的物质具有不同的物理特性和化学特性,燃烧所表现出来的特征也是不同的。要扑灭具有不同特点的火灾,首先要了解它们的特点,再采取相应的灭火方法,使用最有效的灭火剂,才能迅速将火扑灭,所以要对火灾进行分类。

火灾是在时间或空间上失去控制的燃烧所造成的灾害。也就是说,凡是失去控制并造成了人身和(或)财产损害的燃烧现象,均可称为火灾。

灭火时,首先需要了解它们的特点,再根据这些特点选用有效的灭火剂,才能灭火。《火灾分类》(GB/T 4968—2008)根据这些可燃物的类型和燃烧特性,将火灾分为A、B、C、D、E、F 六类。

A 类火灾:指普通可燃固体物质着火。如木材、煤、棉、毛、麻、纸张等火灾。常见可燃固体如图 2-5-1 所示。

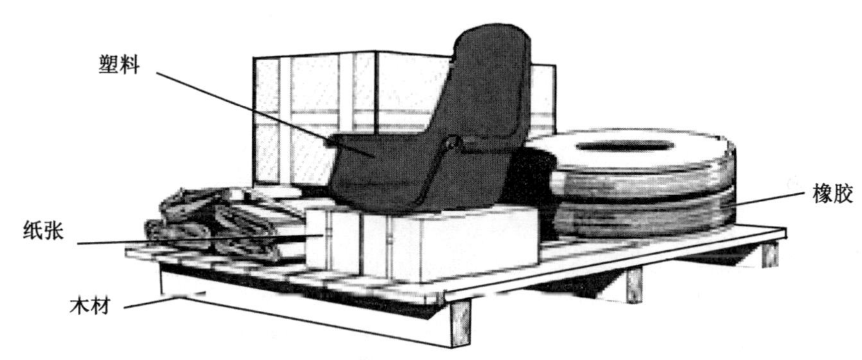


图 2-5-1 常见可燃固体

这类火灾中,固体有机物居多。船上常见的可引起 A 类火灾的物质有木材和木制品、纺织品和纤维、塑料和橡胶等。这类火灾的特点是,火不仅在可燃固体表面燃烧,而且能深入可燃固体内部。灭火时,如果只将其表面火灾熄灭,而内部余热未充分处理,并超过该可燃固体的燃点时,火灾还会在一段时间后复燃。扑救 A 类火灾时最合适的灭火剂是水。

B 类火灾:指可燃液体或可熔化的固体物质着火。如煤油、柴油、原油、甲醇、乙醇、沥青、石蜡等火灾。

B 类火灾的燃烧特点是,火只限于表面燃烧,但是燃烧速度很快,温度很高,有爆炸危险。扑救 B 类火灾时最合适的灭火剂就是泡沫。常见可燃液体如图 2-5-2 所示。

C 类火灾:指可燃气体失火。如天然气、甲烷、乙烷、丙烷、氢气等火灾。

这类火灾的特点是燃烧速度更快,温度更高,爆炸危险更大。扑救 C 类火灾较为

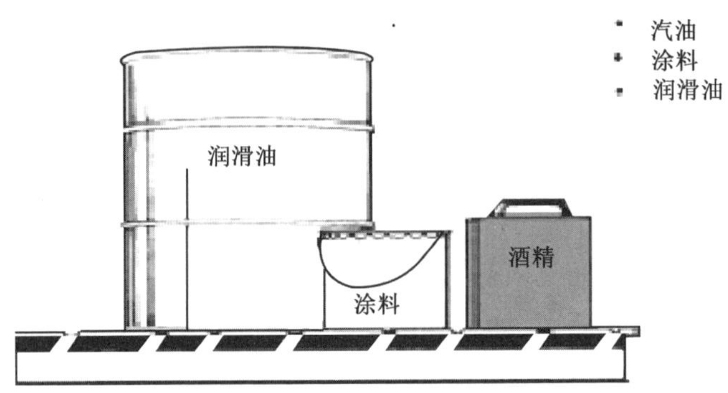


图 2-5-2　常见可燃液体

适宜的灭火剂为干粉。常见可燃气体如图 2-5-3 所示。

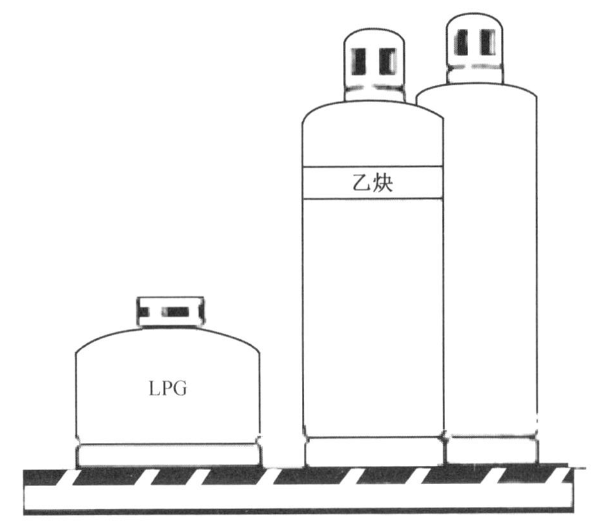


图 2-5-3　常见可燃气体

D 类火灾:指金属火灾。如钾、钠、镁、铝镁合金等火灾。可燃金属燃烧引起的火灾之所以从 A 类火灾中分离出来,单独作为 D 类火灾,是因为这些金属燃烧时,燃烧热很大,为普通燃料的 5~20 倍,火焰温度很高,有的甚至达到 3 000 ℃以上,并且在高温下金属性质特别活泼,能与水、二氧化碳、氮、卤素及含卤化合物发生化学反应。常用灭火剂对其完全失去灭火作用,必须使用金属干粉灭火。轻金属如图 2-5-4 所示。

E 类火灾:带电火灾,即为物体带电燃烧的火灾。此类火灾并不适合按照燃烧物类别进行相应分类。其灭火的原则是,首先切断电源,断电后的电器火灾可作为 A 类火扑救,如果一时无法断电,应采用不导电的干粉和二氧化碳等灭火剂进行扑救。电气设备如图 2-5-5 所示。

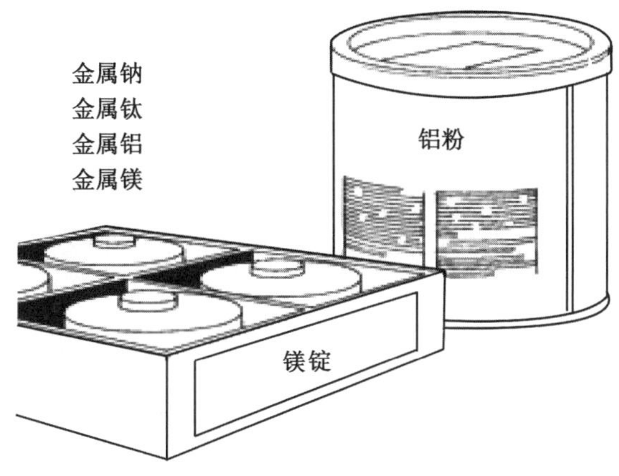


图 2-5-4 轻金属

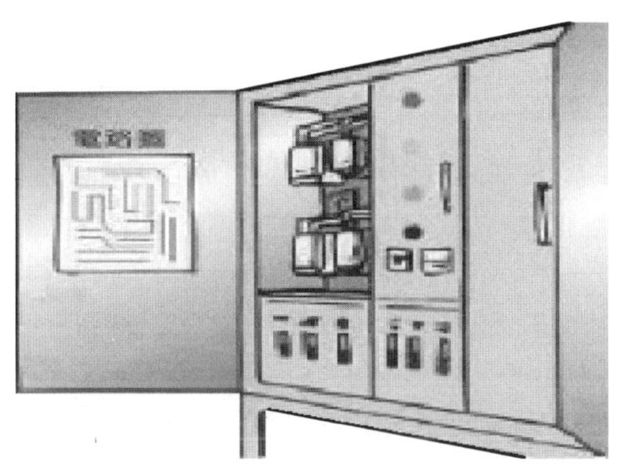

图 2-5-5 电气设备

F 类火灾:烹饪器具内的烹饪物(如动植物油脂)发生燃烧,被称为 F 类火灾。F 类火灾的实质是食用油发生火灾。食用油火灾如图 2-5-6 所示。

图 2-5-6 食用油火灾

食用油火灾的特点:

(1)食用油自燃温度较高,一般自燃温度为350~380 ℃,在烹饪中一旦温度失控就会产生火灾。

(2)食用油火灾易复燃,食用油一旦发生火灾,燃烧速度较其他可燃液体燃烧更快,2 min后油面温度可达400 ℃。食用油在温度超过350 ℃会发生化学反应,生成自燃温度为65 ℃的可燃物,大量的试验证明只有温度降低到33 ℃以下时,食用油才不会发生复燃。

## 第六节 灭火剂

在燃烧过程中,能有效地破坏燃烧条件达到终止燃烧目的的物质,称为灭火剂。现在常用的灭火剂有水、泡沫、二氧化碳、化学干粉等。

### 一、灭火剂——水

水是历史最悠久的灭火剂,也是当今仍然应用最广泛的灭火剂。先介绍一下水的灭火原理。

1. 水的灭火原理

(1)水的冷却作用

冷却是水的主要灭火作用。水的比热容和汽化热很大:比热容为4.18 kJ/kg·℃,汽化潜热为2 259 kJ。若将1 kg常温下的水(20 ℃)喷洒到火源处,使水温升至100 ℃,则能吸收335 kJ的热量,若再将其汽化,变成100 ℃的水蒸气,又能吸收2 259 kJ的热量。因此当水与炽热的燃烧物接触时,在被加热和汽化的过程中,就会大量吸收燃烧物的热量,迫使燃烧物的温度大大降低而最终停止燃烧。

(2)水蒸气的窒息作用

水遇到炽热的燃烧物后会因汽化产生大量的水蒸气。1 kg水汽化后可生成1 700 L水蒸气。水变成水蒸气后,体积急剧增大。大量水蒸气的产生将排挤和阻止空气进入燃烧区,从而降低了燃烧区内氧气的含量。试验表明,当空气中的水蒸气体积含量达35%时,大多数燃烧就会停止。1 kg水变成水蒸气时的抑制空间可达5 $m^3$,有良好的窒息灭火作用。水汽化后体积变化数(倍数)如表2-6-1所示。

**表2-6-1 水汽化后体积变化数(倍数)**

| 温度/℃ | 100 | 200 | 300 | 400 | 500 | 600 | 800 |
|---|---|---|---|---|---|---|---|
| 体积变化 | 1 700 | 2 060 | 2 520 | 2 980 | 3 440 | 3 900 | 4 900 |

(3)水对某些可燃固体具有浸润作用

对于可浸润可燃固体,由于固体表面黏附并渗透了大量的水,使燃烧固体表面的含水量大为增加,这就直接加强了水的冷却作用,提高了固体燃烧的难度。

(4)水对水溶性可燃液体的稀释作用

对于水溶性液体火灾,水的稀释作用可以分为两个方面:首先,水与可燃液体混合,可降低可燃液体的浓度因而降低了蒸发速度和燃烧区内可燃气体的浓度,使燃烧强度减弱;其次,当水溶性可燃液体被水稀释到可燃浓度以下时,燃烧即自行停止。

水的稀释灭火作用仅适用于容器中贮有少量水溶性可燃液体的火灾。含有大量水溶性可燃液体的火灾要慎重使用水。

(5)水对不溶于水的可燃液体具有乳化作用

当水呈雾状,并以一定的速度喷向黏性的非水溶性可燃液体表面时,雾状水流的冲击作用在可燃液体表面形成相对稳定的"乳化层"。可燃液体表面覆盖了这一层乳化物,就可减少可燃液体的蒸发量,可燃液体就难以燃烧。乳化作用适于用喷雾水扑救黏度较大的油品火灾,如重油的火灾。

(6)水的冲击作用

在船舶消防泵的作用下,直流水枪射出的密集水流,具有强大的冲击力和动能,用其强烈地冲击燃烧物和火焰,可以冲散燃烧物,使燃烧强度显著减弱,也可以冲断火焰,使之熄灭。

2. 水的适用对象及注意事项

(1) 对于一般固体物质火灾,可以直接扑救,如木材、纸张、粮草、棉麻等火灾。由于直流水能够冲击、渗透到可燃物质的内部,可用来控制物质的深位(阴燃)火灾。

(2)对于可燃液体火灾(B 类火),用水扑救时应注意:对非水溶性可燃液体火灾,当可燃液体的密度比水大,闪点比较高时,可用水来扑救;对于闪点较低的 B 类火灾,建议用水冷却周边的舱壁和甲板,不宜用水直接扑救。

(3)对于可燃气体火灾(C 类火),不能用水直接扑救;只可用水从外围冷却周边的舱壁和甲板。

(4)对于金属火灾(D 类火),不能用水直接扑救。

(5)没有良好接地设施或没有切断电源的带电设备火灾一般不能用直流水来扑救。

(6)水不能扑救烹饪火灾(F 类火)。

3. 注意事项

橡胶、褐煤等货物的火灾不宜用直流水柱直接扑救。由于水不能浸透或者很难浸透燃烧介质,因而灭火效率很低。

不能用直流水柱直接扑救可燃粉尘(面粉、铝粉、糖粉、煤粉、锌粉等)聚集处的火灾。因为沉积粉尘被水流冲击后,悬浮在空气中,容易与空气形成爆炸性混合物。

储存有大量浓盐酸、浓硫酸、浓硝酸的场所发生火灾时,不能用直流水柱扑救。因为水与酸液接触会引起发热飞溅。

轻于水且不溶于水的可燃液体火灾不能用直流水扑救。当用水扑救比水轻的可燃液体火灾时，由于它可漂浮在水面上随水流散，可能助长火势，促使火灾蔓延，给灭火工作带来不少困难。但是在紧急情况下，水仍能控制和扑灭此火灾（例如使用喷雾水）。

不能用水扑救碳化钙（电石）的火灾，因为碳化钙遇水会生成易燃气体乙炔，放热、易爆炸。绝对不允许用海水对带电设备进行扑救。

扑救金属化合物火灾时，一定要确认是否可以用水进行扑救。

## 二、灭火剂——二氧化碳

二氧化碳是一种稳定的化合物，本身既不燃烧，也不助燃，无色无臭的惰性气体。它与空气的密度比约为 1.5：1，比空气重。二氧化碳灭火时，不腐蚀金属，不损伤机械和货物，对电气绝缘没有破坏作用。一般空气中含有 30%~40% 的二氧化碳气体时，物质就不能燃烧。其灭火有效容积为其液态的 1 000~1 300 倍，二氧化碳气体有较强的浸透性和扩散性，充满失火处所时，可以降低氧气含量，达到窒息灭火的目的。

二氧化碳灭火剂还有一个特点——易于制取和保存。该特点使得二氧化碳成为广泛使用的灭火剂。当将二氧化碳在常压下降温加压时，二氧化碳就可以成为液体。在标准大气压下，温度超过 31.2 ℃时，二氧化碳就无法转变成液态了。温度低于 31.2 ℃，二氧化碳的液化压力随温度降低而降低。二氧化碳在船上存放时，环境温度升高，但是瓶内压力并未相应增加，所以二氧化碳以气、液两相存在。二氧化碳温度、压力和状态如表 2-6-2 所示。

表 2-6-2　二氧化碳温度、压力和状态

| 温度/℃ | 0 | 10 | 20 | 30 | 31.2 |
|---|---|---|---|---|---|
| 压力/MPa | 3.6 | 4.5 | 5.0 | 7.0 | 7.38 |
| 存在状态 | 液压 | | | | 气态 |

1. 二氧化碳的灭火作用

（1）二氧化碳的窒息作用

二氧化碳的主要灭火作用是窒息作用。当把二氧化碳施放到失火舱室后，二氧化碳迅速汽化使空间的氧气含量减少。当空间的氧气含量低于维持物质燃烧所需的极限氧含量时，物质的燃烧就会熄灭。1 kg 的二氧化碳液体在常温常压下能生成大约 0.5 $m^3$ 的二氧化碳气体。

（2）二氧化碳的冷却作用

二氧化碳的另一个灭火作用是冷却作用。当二氧化碳从钢瓶中释放出来，由液体迅速膨胀为气体时，会产生冷冻效果，致使部分二氧化碳转变为固态的干冰。干冰迅速汽化的过程中要从火焰和周围环境吸热。干冰的温度为 -79 ℃，相变潜热为 577 kJ/kg。由于只有部分液体转变为干冰，加之干冰的相变潜热较小（水的汽化潜热为 2 259 kJ/kg），所以二氧化碳的冷却作用是很小的，在灭火中不起主导作用。

2. 二氧化碳灭火剂的适用对象

(1)二氧化碳灭火剂可用于扑救普通固体火灾。

(2)二氧化碳灭火剂可用于扑救可燃液体火灾。

(3)二氧化碳灭火剂虽然可用于扑救初期的可燃气体火灾,但灭火效果较差,一般不用。

(4)二氧化碳灭火剂适用于扑救带电设备的初期火灾。灭火时,二氧化碳灭火剂不会对火场的环境造成污染,不腐蚀设备和贵重物品,灭火后不留痕迹,特别适用于扑救那些易受到水、泡沫、干粉等灭火剂损坏的物质火灾。

3. 注意事项

利用二氧化碳灭火剂扑救普通固体火灾,由于其不能渗透到可燃固体内部,所以无法对可燃固体内部的阴燃火灾起作用。因此利用二氧化碳灭火剂扑救可燃固体火灾时必须尽快喷水才能见效。

利用二氧化碳灭火剂扑救可燃液体火灾时,需要注意不能将二氧化碳灭火剂直接喷射到液体表面,以免冲击液面,造成火灾蔓延。

自己能供氧的化学品火灾,如硝酸纤维、火药等,不能用二氧化碳灭火剂扑救;

活泼金属及其氢化物的火灾,如锂、钠、钾、镁、铝等,不能用二氧化碳灭火剂扑救;

能自行分解的化学物质火灾,如某些过氧化物等,不能用二氧化碳灭火剂扑救;

纤维物内部的阴燃火灾,不能用二氧化碳灭火剂扑救;

液态二氧化碳与人体接触时,由于迅速汽化吸热,有可能对皮肤造成冷灼伤。

## 三、灭火剂——泡沫

泡沫灭火剂是指能够与水混溶,并可通过化学反应或机械方法产生灭火泡沫的灭火药剂。泡沫是一种体积较小,表面被液体所包围的气泡群。火场中所使用的灭火泡沫是由泡沫灭火剂的水溶液,通过物理、化学作用,填充大量气体(二氧化碳或者空气)后形成的。

### (一)分类方法

按照生成的方式,泡沫可分为化学泡沫和机械泡沫。

历史上船舶手提式灭火器曾广泛使用化学泡沫。但是由于化学泡沫的灭火效果较差,所以现在很多船上已不再使用。化学泡沫生成原理如下:

$$6NaHCO_3(\text{碱性})+Al_2(SO_4)_3 = 3Na_2SO_4+2Al(OH)_3+6CO_2$$

空气泡沫是通过空气泡沫灭火剂的水溶液与空气在泡沫产生器中进行机械混合、搅拌而产生的,泡沫中所包含的气体一般为空气。由于空气泡沫是靠机械混合作用形成的,所以空气泡沫有时也称机械泡沫,如图 2-6-1 所示。

现代船舶上使用了多种空气泡沫灭火剂,以下介绍空气泡沫灭火剂的种类。

图 2-6-1　空气泡沫

1. 按照发泡倍数分类

发泡倍数是指泡沫灭火剂的水溶液变为泡沫后的体积膨胀倍数。它通常分为高倍、中倍和低倍泡沫。

低倍数(低膨胀率)泡沫灭火剂的发泡倍数一般在 20 倍以下;中倍数(中膨胀率)泡沫灭火剂的发泡倍数一般在 20~200 倍;高倍数(高膨胀率)泡沫灭火剂的发泡倍数一般在 200~1 000 倍。

2. 按用途分类

按照空气泡沫的用途,泡沫灭火剂可分为普通泡沫灭火剂和抗溶性泡沫灭火剂。普通泡沫灭火剂适用于扑救 A 类火灾和 B 类火灾中的非可溶性液体火灾;抗溶性泡沫灭火剂适用于扑救 A 类和 B 类火灾中的可溶性液体火灾。

3. 按其基料的类型进行分类

(1)蛋白泡沫(其代码为 P),它以动物蛋白类物质(蹄、角、猪毛)或植物蛋白类物质(豆皮、菜籽饼)的水分解浓缩液为基料,加入稳定剂、防腐剂和防冻剂等辅料加工而成。蛋白泡沫的优点是稳定性好,析液时间①长,但流动性差,灭火效率低。

蛋白泡沫不能与干粉联用,这是因为干粉中所用的防潮剂(如硅胶)对泡沫有很大的破坏作用,两者一经接触,泡沫层就会被破坏而消失。

(2)氟蛋白泡沫(其代码为 FP)。氟蛋白泡沫灭火剂以蛋白泡沫灭火剂为基料,添

① 析液时间是指一定质量的泡沫自生成开始到析出混合液的时间。25%析液时间和 50%析液时间(析出 25%和 50%质量的混合液时间)比较常用,析液时间长的灭火剂稳定性好,但是流动性较差,灭火效率也低;析液时间短的灭火剂流动性好,但不够稳定,泡沫容易消失。对于氟蛋白灭火剂,析液时间的技术要求是大于等于 4.0 min,水成膜泡沫灭火剂是大于等于 2.5 min。

加少量的氟碳表面活性剂①配制成。氟蛋白泡沫灭火剂是国外 20 世纪 60 年代中期发展起来的一种灭火剂,是为克服蛋白泡沫灭火剂的缺点而发展起来的。氟蛋白泡沫灭火剂不仅具有蛋白泡沫的大部分特点(如制造工艺简单、成本低、泡沫稳定、对油面的封闭时间长等),而且氟蛋白泡沫易于流动,有良好的自封闭作用,泡沫层中析出的液体可在油面形成一层抑制油品蒸发的薄膜,因而控火、灭火迅速。氟蛋白泡沫灭火剂可与普通干粉灭火剂联用②。

每百升 YEF3 型氟蛋白泡沫液中含有的成分如表 2-6-3 所示。

**表 2-6-3　每百升 YEF3 型氟蛋白泡沫液中含有的成分**

| 成分 | YE3 型蛋白泡沫液 | “6201”氟碳表面活性剂 | 异丙醇 | CPS 表面活性剂 | 水 |
| --- | --- | --- | --- | --- | --- |
| 项目 | 98.28 L | 0.45 kg | 0.45 kg | 0.28 L | 0.60 L |

由于氟碳表面活性剂的加入改善了蛋白泡沫的流动性、抗油污染性,并且能和干粉灭火剂联合使用,所以氟蛋白泡沫的灭火效率大大优于普通蛋白泡沫。

(3)轻水泡沫。其正式名称为“水成膜泡沫”,英文缩写为 AFFF(Aqueous Film Forming Foam)。轻水泡沫的优势表现在其表面张力和界面张力显著降低,产生泡沫所需的能量大大减少,而且流动性好,能够以较薄的泡沫层极快地覆盖油面,并且泡沫层具有极强的自封闭作用,不易被分割破坏。这种灭火剂比氟蛋白泡沫具有更好的流动性、抗油污染性,泡沫和水膜的共同存在能迅速抑制燃油蒸气的蒸发,并隔绝空气,迅速灭火。

(4)抗溶性泡沫(其代码为 AR)。抗溶性泡沫用于扑救乙醇、丙酮、醋酸乙酯等一般水溶性可燃液体火灾。对于上述可燃物质火灾,如果使用普通蛋白泡沫灭火剂,则泡沫层中的水分会被上述水溶性物质吸收而使泡沫被消灭掉。我国于 1976 年研制出金属皂抗醇泡沫灭火剂,这种灭火剂是通过在普通蛋白泡沫中添加有机酸金属络合盐而制成的。

(5)合成泡沫(其代码为 S)。合成泡沫是以一种合成表面活性剂为基料的泡沫灭火剂。由于表面活性剂的作用,合成泡沫的表面张力低、疏油性极强。合成泡沫的主要成分包括碳氢表面活性剂、发泡剂、稳定剂及防腐剂等。在扑救火灾时,其可以封闭燃烧物表面,使其与空气隔绝,同时泡沫中的水蒸发为水蒸气可以降低着火区域中的氧含量达到灭火目的。

---

① 在蛋白泡沫中加入“6201”预制液,即可成为氟蛋白泡沫灭火剂。“6201”预制液又称 FCS 溶液,是由“6201”氟碳表面活性剂、异丙醇和水按 3 : 3 : 4 的质量比配制成的水溶液。“6201”氟碳表面活性剂在 6%型和 3%型氟蛋白泡沫液中的质量分数分别为 0.33%和 0.66%。因此,这两种类型的氟蛋白泡沫液,按规定混合比产生的氟蛋白泡沫,其“6201”氟碳表面活性剂的含量均为 0.019 6%(重量百分比)。

② 氟蛋白泡沫由于氟碳表面活性剂的作用,具有抵抗干粉破坏的能力。氟蛋白泡沫中含有 0.01%的“6201”或 OBS 时,即有明显的抗干粉破坏的能力;当“6201”或 OBS 的含量达到 0.015%~0.02%时,与干粉就有良好的联用性。因此,氟蛋白泡沫灭火剂可与各种干粉联用,且均能取得良好的灭火效果。

蛋白泡沫、氟蛋白泡沫和水成膜泡沫灭火的比较如图 2-6-2 所示。

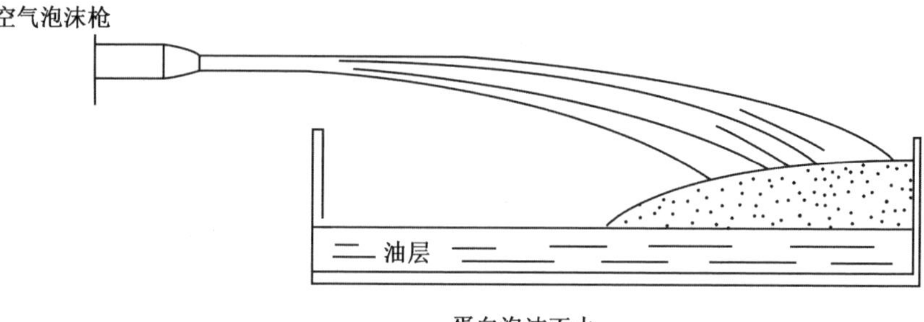


蛋白泡沫灭火

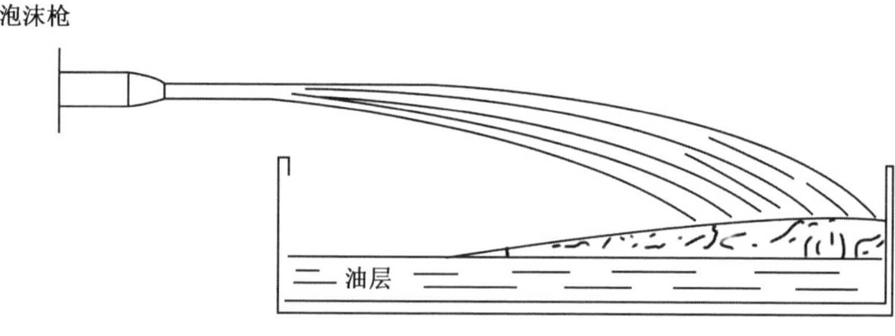


氟蛋白泡沫灭火

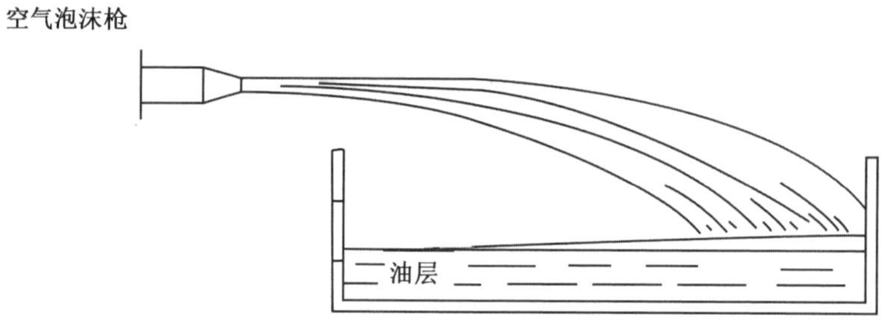


水成膜泡沫灭火

图 2-6-2　蛋白泡沫、氟蛋白泡沫和水成膜泡沫灭火的比较

**(二)泡沫的灭火原理**

泡沫之所以能够扑救火灾,主要有下面几个原因:

1. 泡沫的覆盖作用

泡沫的密度远远小于一般可燃液体的密度,因而可以漂浮于液体的表面,形成一个泡沫覆盖层。同时,泡沫又具有一定的黏性,可以黏附于一般可燃固体的表面,所以泡沫可在燃烧物表面形成泡沫覆盖层。覆盖层可使空气隔离,并遮蔽火焰对燃烧物的热辐射,阻止燃烧物的蒸发或热解挥发,使可燃气体难以进入燃烧区。覆盖隔离是泡沫的主要灭火作用。

轻水泡沫的灭火原理如图 2-6-3 所示。

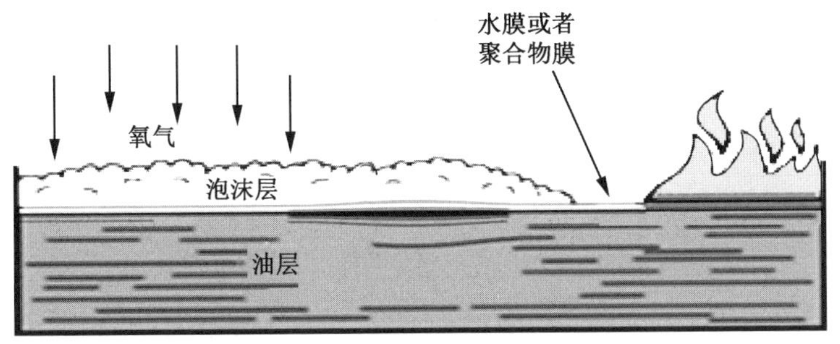


图 2-6-3 轻水泡沫的灭火原理

2. 冷却作用

泡沫中含有一定量的水分,泡沫析出的水分对燃烧表面有冷却作用。这些水分在扑救火灾的过程中会慢慢析出,在一定程度上起到冷却作用。

3. 稀释作用

泡沫中的水分受热汽化产生的水蒸气有降低燃烧区内氧气浓度的作用。

**(三)泡沫灭火剂的适用扑救对象**

(1)泡沫灭火剂可以控制普通固体火灾(A 类火),如一般固体物质火灾,例如木材、纸张、粮草、棉麻等火灾。

(2)泡沫灭火剂适用于扑救可燃液体火灾(B 类火)。对于非极性可燃液体火灾,普通泡沫可以扑救;对于可溶性可燃液体火灾,只能用抗溶性泡沫扑救。

(3)泡沫灭火剂不可用于扑救带压可燃气体火灾(C 类火),但是对于非带压气体火灾可以扑救。

(4)泡沫灭火剂不可用于扑救碱性金属火灾(D 类火)。

(5)泡沫灭火剂不可用于扑救带电设备火灾。

**(四)注意事项**

(1)使用泡沫灭火剂时,不能同时使用水。

(2)扑救普通固体火灾时,要和水配合使用来扑救普通固体内部的火灾。

## 四、灭火剂 —— 干粉

干粉灭火剂是由基料和添加剂组成的。基料含量一般占总质量的 90%以上;添加剂是用来改善基料的物理性能的,其含量一般在 10%以下。干粉灭火剂的基料主要是一些无机盐。不同品种的干粉灭火剂有不同的基料。常用的基料有碳酸氢钠、碳酸氢钾、碳酸钠、氯化钾、氯化钠、氯化钡、硫酸钾、硫酸铵和磷酸铵盐等。干粉添加剂包括润滑剂(硬脂酸镁、云母粉、滑石粉等)、少量防潮剂(硅胶)。干粉是一种干燥的,易于流动和飘散的微细固体粉末。基料起主要灭火作用。干粉的主要成分和特性如图 2-6-4 所示。

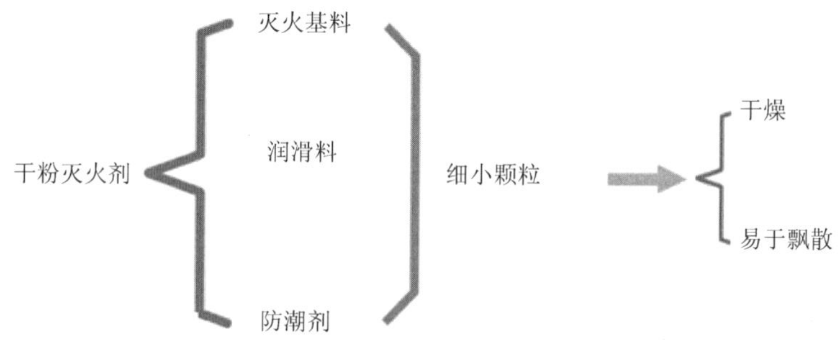


图 2-6-4　干粉的主要成分和特性

## (一)干粉灭火剂的类型

### 1. 普通干粉灭火剂

这类灭火剂可扑救 B 类、C 类火灾,因而又称为 BC 干粉灭火剂。属于这类的干粉灭火剂有:

(1)以碳酸氢钠为基料的钠盐干粉灭火剂(小苏打干粉);

(2)以碳酸氢钾为基料的紫钾干粉灭火剂;

(3)以氯化钾为基料的超级钾盐干粉灭火剂;

(4)以硫酸钾为基料的钾盐干粉灭火剂;

(5)以碳酸氢钠和钾盐为基料的混合型干粉灭火剂;

(6)以尿素和碳酸氢钠(碳酸氢钾)的反应物为基料的氨基干粉灭火剂[毛耐克斯(Monnex)干粉]。

### 2. 多用途干粉灭火剂

多用途干粉灭火剂的用途如图 2-6-5 所示。

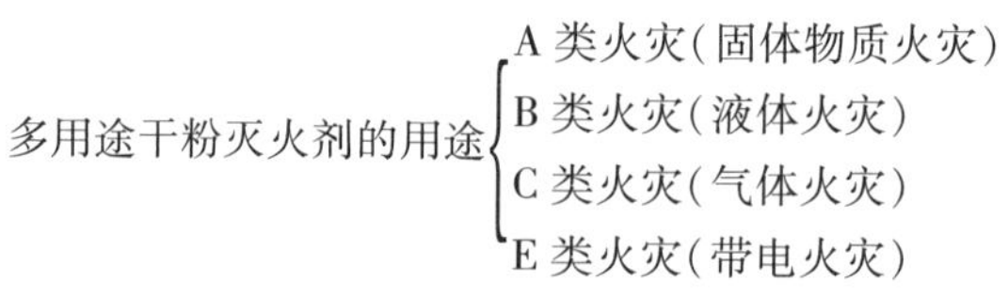


图 2-6-5　多用途干粉灭火剂的用途

这类灭火剂可扑救 A 类、B 类、C 类火灾,因而又称为 ABC 干粉灭火剂,有时也被称为通用干粉。如果不考虑后续损失的话,通用干粉也可扑救带电设备火灾。属于这类的干粉灭火剂有:

(1)以磷酸盐为基料的干粉灭火剂;

(2)以磷酸铵和硫酸铵混合物为基料的干粉灭火剂;

(3)以聚磷酸铵为基料的干粉灭火剂。

### 3. 金属干粉灭火剂

这类灭火剂可扑救钾、钠、镁、钛、锆、锂、铝镁合金等各种形态的活泼(轻)金属燃

烧的火灾，所以又被称为D类干粉灭火剂。由于轻金属的燃烧特性不同，D类干粉灭火剂也具有几种不同的类型。金属干粉灭火剂包括普通金属干粉灭火剂和专用金属干粉灭火剂。

普通金属干粉灭火剂一般使用氯化钠基粉末，或者经过钝化处理的石墨基粉末，并用氩气驱动。上述灭火剂可以扑救钾、钠、镁、钛、锆、铝镁合金等活泼（轻）金属燃烧的火灾。如果是金属锂粉末发生火灾，可以使用精细铜粉灭火剂扑救。其原理是通过排除氧气来窒息火焰。

特殊金属干粉灭火剂一般被称为7150金属干粉。国内的7150干粉灭火剂是以硼酸三钾酯与硼酐为原料制成的。7150金属干粉是一种无色透明的液体，喷射到失火金属上后，马上就会起化学反应，很快耗尽金属表面附近的氧。反应后所形成的硼酐在金属燃烧的温度下熔化成玻璃状的液体，流散在金属表面的隙缝中，形成了硼酐层。这种薄膜使金属与大气隔绝，使燃烧窒息。

**（二）干粉的灭火原理**

1. 干粉的遮断热辐射（隔离）作用

由于干粉的密度比较大，在气流的作用下能覆盖到燃烧物体的表面不致被气流冲散。使用干粉灭火时，浓云般的干粉与火焰相混合，可以降低残存火焰对燃烧物表面的热辐射。磷酸铵盐等化合物还具有碳化的作用。它可使燃烧固体表面碳化，碳化层是热的不良导体，可使燃烧过程暂时变得缓慢，使火焰的温度降低。磷酸盐基干粉的碳化原理如图2-6-6所示。

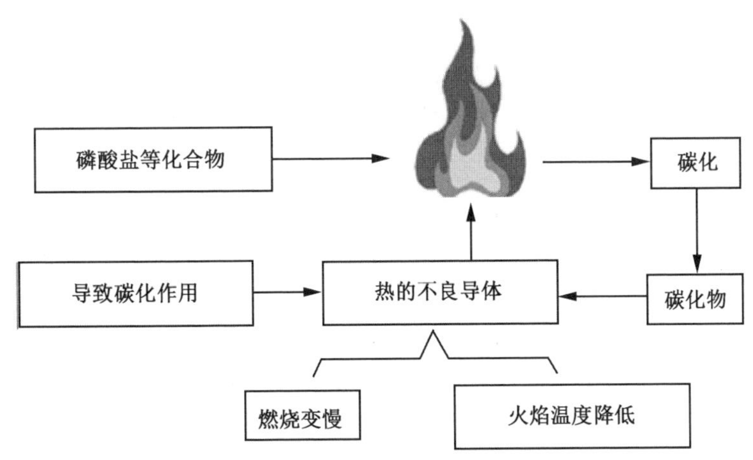


图2-6-6 磷酸盐基干粉的碳化原理

2. 对燃烧链锁反应的（化学）抑制

干粉主要灭火作用为化学抑制作用。在维持燃烧的链式反应中，关键的自由基是“$H^+$”“$OH^-$”，它们具有很高的能量，非常活泼，而寿命却很短，一经生成，立即引发下一步反应，生成更多的自由基，使燃烧过程得以延续且不断扩大。当干粉进入燃烧区域与火焰接触时,可以捕获大量的“$H^+$”“$OH^-$”,使得这些自由基被瞬时吸附在粉末表面。大量的干粉喷入燃烧区,“$H^+$”“$OH^-$”会很快地被耗尽,燃烧链锁反应被终止,火焰即告熄灭。

干粉的化学中断作用如图2-6-7所示。

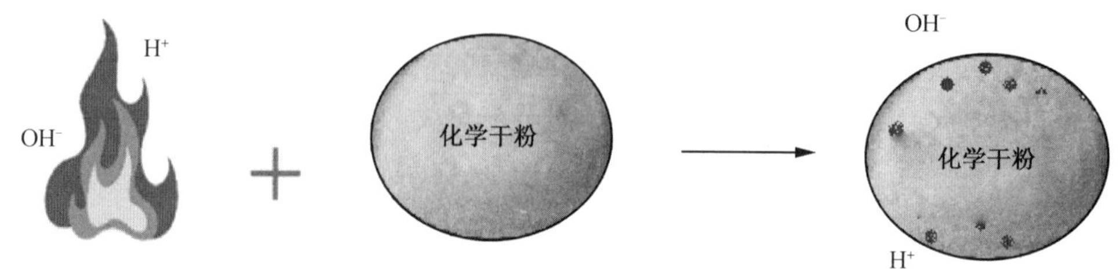


图2-6-7 干粉的化学中断作用

3. 烧爆现象

干粉受到高温作用,能爆裂成许多更小的微粒。这样干粉与火焰的接触面积急剧增加,提高了干粉的灭火效果。

**(三)干粉灭火剂的适用对象**

干粉灭火剂适于扑救下述物质和设备的火灾:

(1)多用途干粉灭火剂可用于扑救普通固体物质火灾(A类火),如木材、纸张、纤维织物等的火灾,可燃液体火灾和可燃气体火灾。

(2)多用途干粉和BC干粉灭火剂可用于扑救可燃液体火灾(B类火)。

(3)多用途干粉和BC干粉灭火剂可用于扑救可燃气体火灾(C类火)。

对多数船舶带电设备火灾,可用干粉灭火剂直接扑救而不会发生电击危险。

**(四)注意事项**

干粉灭火剂不宜扑救以下火灾:

(1)燃烧时能够自身供氧或释放氧的化合物的火灾,如硝酸纤维、过氧化物等的火灾。

(2)金属火灾,如钾、钠、镁、钛、锌等的火灾。

(3)精密仪器设备和贵重电气设备的火灾。因为被干粉喷射后,设备虽得以保护,但残存的干粉很难清除干净,会使设备丧失精度或被腐蚀。

干粉只能扑救普通固体的表面火灾,不能控制扑救普通固体物质的内部火灾。

## 五、新型灭火剂

现在国际上开始使用新型环保灭火剂。常见的新型灭火剂为七氟丙烷(HFP/FM200/FE-227)。七氟丙烷(HFP/FM200/FE-227)是一种不消耗臭氧的环境友好型卤代烷灭火剂替代品。其通过化学中断和冷却联合作用灭火。在正常情况下,七氟丙

烷无毒且不窒息。

基于上述原因，部分船舶已经用七氟丙烷替代了二氧化碳灭火剂。

## 第七节 灭火方法

根据燃烧理论，燃烧必须同时具备三要素，并且使三要素相互结合、相互作用。而基本的灭火方法就是使这三个要素不同时存在或相互不发生作用。

1. 隔离法

我们都有这样一个经验：如果不存在可燃物质，火就肯定燃烧不起来。隔离法就是将可燃物质从燃烧的地方移走，将火与可燃物质隔开，或迅速将已经燃烧的可燃物转移到安全地点或投入海中，或拆除火场附近的易燃物质，或关闭可燃气体或可燃液体的阀门等。隔离法是针对燃烧三要素中的"可燃物"采取的灭火措施。隔离法如图 2-7-1 所示。

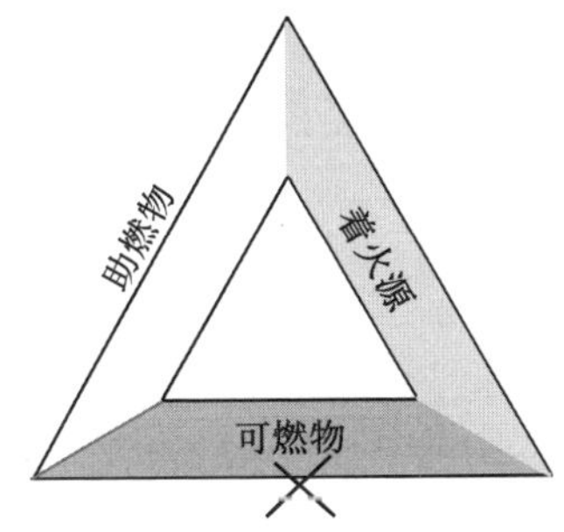


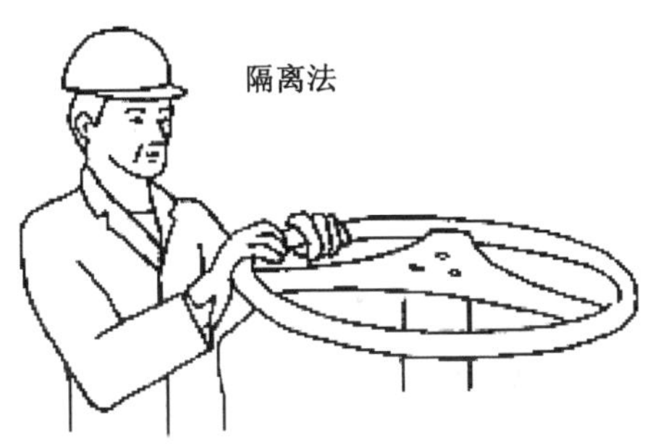


图 2-7-1 火灾扑救——隔离法

2. 窒息法

使可燃物质与空气隔绝，火因缺氧而窒息，达到灭火的目的，这种方法称为窒息法。窒息法的实施包括两个方面：①隔绝氧气；②稀释氧气。如图 2-7-2 所示。

（一）隔绝氧气

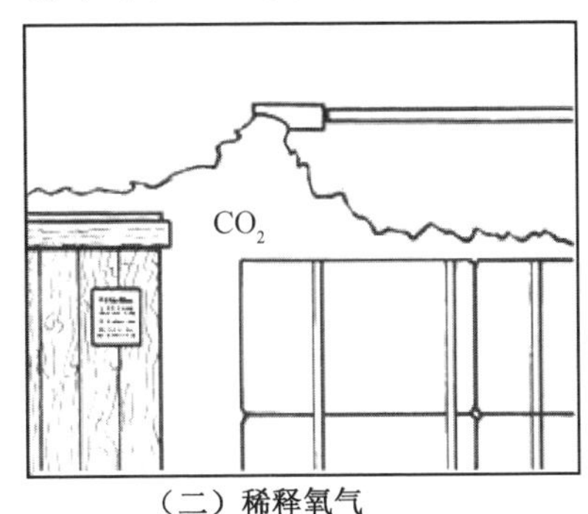


（二）稀释氧气

图 2-7-2 火灾扑救——窒息法

(1)用不燃的防火毯、沙子或其他不燃物等覆盖在燃烧物的表面,使空气中的氧不能接触燃烧物,从而起不到助燃作用;关闭火场的门窗、通气筒、舱盖、人孔等以停止或减小空气中氧气的供应,使空气中含氧量迅速减少,当火灾区域中空气含氧量降到15%以下时,一般可燃物质会因缺氧而使火灾熄灭。

(2)向燃烧的舱室、容器灌入二氧化碳等惰性气体,来降低空气中的含氧量。空气中正常含氧量为21%,含氧量降至15%以下,一般物质的燃烧就会熄灭。

3. 冷却法

使用灭火剂降低燃烧物的温度,当燃烧温度低于燃烧物质的燃点温度时,燃烧就会停止。如用水、二氧化碳等直接喷洒在燃烧物上来降温灭火;又如用水对火源附近的可燃物进行喷射,降低其温度,阻止火灾的蔓延。冷却法如图2-7-3所示。

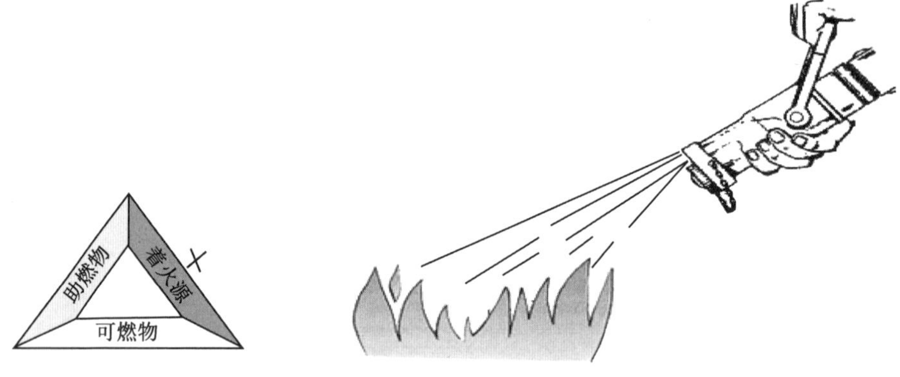


图2-7-3　火灾扑救——冷却法

4. 抑制法(化学中断法或中止法)

对于有焰燃烧,除三要素外,还包括不受抑制的链锁反应。当把抑制链锁反应的灭火剂加入燃烧反应中去后,大量助燃的游离基迅速被灭火剂捕获而消失,同时产生稳定的或活动性很低的游离基,最终使燃烧反应终止。如使用卤代烷、干粉灭火剂扑灭可燃气体火灾就属于此种灭火方法。抑制法最典型的灭火剂是卤代烷。抑制法如图2-7-4所示。

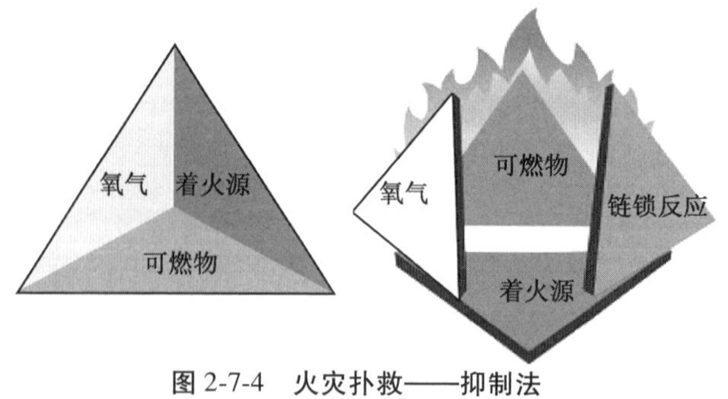


图2-7-4　火灾扑救——抑制法

# 第三章 船舶消防器材

## 第一节 可携式灭火设备

将灭火剂贮存在符合各项要求（容量和结构）的中小型容器中，就可以称之为灭火器。船舶灭火器分为可携式和推车式两种。可携式灭火器因其灵巧轻便、操作简单以及可以移动应急的特点而成为各种类型船舶常用的灭火器材，主要用来扑救或控制初期的火灾。目前，船舶上常用的灭火器为：清水型、泡沫型、干粉型、二氧化碳型、卤代烷（1211）型以及新型清洁气体型。各类灭火器一般都有特定的型号与标识[①]。中国船级社（CCS）要求，不准使用灭火剂本身或使用灭火器时会发出一定数量的毒气足以危害人身安全的灭火器。

---

① 我国灭火器的型号是按照《消防产品型号编制方法》（GN—1982）编制的。它由类、组、特征代号及主要参数几部分组成。类、组、特征代号用大写汉语拼音字母表示，一般编在型号首位，是灭火器本身的代号，通常用“M”表示。灭火剂代号编在型号第二位：F——干粉灭火剂；T——二氧化碳灭火剂；Y——1211灭火剂；Q——清水灭火剂。形式号编在型号中的第三位，是各类灭火器结构特征的代号。

目前我国灭火器的结构特征有手提式（包括手轮式）、推车式、鸭嘴式、舟车式、背负式五种，分别用S、T、Y、Z、B表示。型号最后面的阿拉伯数字代表灭火剂质量或容积，一般单位为kg或L，如“MF/ABC2”表示2 kg ABC干粉灭火器；“MSQ9”表示容积为9 L的手提式清水灭火器；“MFT50”表示50 kg推车式（碳酸氢钠）干粉灭火器。国家标准规定，灭火器型号应以汉语拼音大写字母和阿拉伯数字标于筒体。

## 一、可携式灭火器

1. 泡沫灭火器

(1)空气泡沫灭火器

船用泡沫灭火器曾经大多为化学泡沫[①]灭火器,现在广泛采用的是空气泡沫灭火器(水成膜泡沫灭火器)。

空气泡沫灭火器又称机械泡沫灭火器。它依靠驱动气体(二氧化碳、氮气)搅动空气泡沫灭火剂形成泡沫,泡沫再在驱动气体压力作用下喷射出灭火器进行灭火,主要用来扑灭油类火及部分可燃液体的初期火灾,也可用于扑救 A 类初期火灾。

泡沫灭火器的结构包括钢瓶、瓶盖、驱动气瓶、喷射系统和开启机构等。灭火器钢瓶是充装空气泡沫灭火剂的容器。瓶盖是密封灭火器钢瓶的盖子。筒盖上还装有提把(转移手柄)、喷射软管、驱动钢瓶、虹吸管、出气管和开启机构等。驱动钢瓶中储存有液态二氧化碳。喷射系统由虹吸管、喷射软管和喷嘴等部件构成。开启机构由压把(释放手柄)、压杆、限位弹簧和穿刺钢针等零件组成。压杆上与压把相连,下与穿刺钢针相接。限位弹簧使穿刺钢针平时与密封膜片保持一定距离,以免碰破膜片而造成误喷射。为防止在压杆与筒盖配合处泄漏,压杆上部装有密封圈。开启时只要压下压把,压杆就会推动穿刺钢针刺破贮气钢瓶的密封膜片,释放出二氧化碳气体。空气泡沫灭火器的结构如图 3-1-1 所示。

泡沫灭火器操作时,通过开启机构刺破驱动气瓶的膜片,释放出二氧化碳;二氧化碳通过出气管进入灭火器钢瓶,搅动泡沫液并给泡沫液加压;经加压后的泡沫液经虹吸管进入喷射软管,最终经过喷嘴喷射出去。

(2)化学泡沫灭火器[②]

船舶上常用的化学泡沫灭火器瓶体由外筒和内筒组成。外筒是铁质的,内筒为塑料的。灭火器外筒中盛装泡沫灭火剂的 A 剂,内筒盛装 B 剂。A 剂在溶解前,通常为粉末状,主要成分是碳酸氢钠。它的主要作用是参与成泡并保持泡沫的稳定性。A 剂在溶解后呈碱性。B 剂在溶解前为白色粉末状,主要成分是硫酸铝,在溶解后呈酸性。

当使用化学泡沫灭火器时,应先把安全帽取下,并压下释放柄(平常被安全帽盖住,防止误操作);之后将化学泡沫灭火器提起,并上下颠倒几下,使 A 剂和 B 剂发生化学反应,产生二氧化碳气体。二氧化碳气体将化学反应生成的化学泡沫喷射出去。化学泡沫灭火器及其释放程序如图 3-1-2 所示。

2. 清水灭火器

上面介绍的是泡沫灭火器。如果将其中的灭火剂(空气泡沫)换成清水,就可以称

---

① 对于化学泡沫灭火器,2001 年 7 月 12 日中国船级社发出 2001 年 15 号总字 044 号通函要求“已配置的化学泡沫灭火器应予淘汰,换置其他适用的灭火器”。一般使用轻水泡沫灭火器取代。

② 2001 年 7 月 12 日中国船级社 15 号(总字第 44 号)通函要求:“已配置的化学泡沫灭火器应予淘汰,换置其他灭火器。”

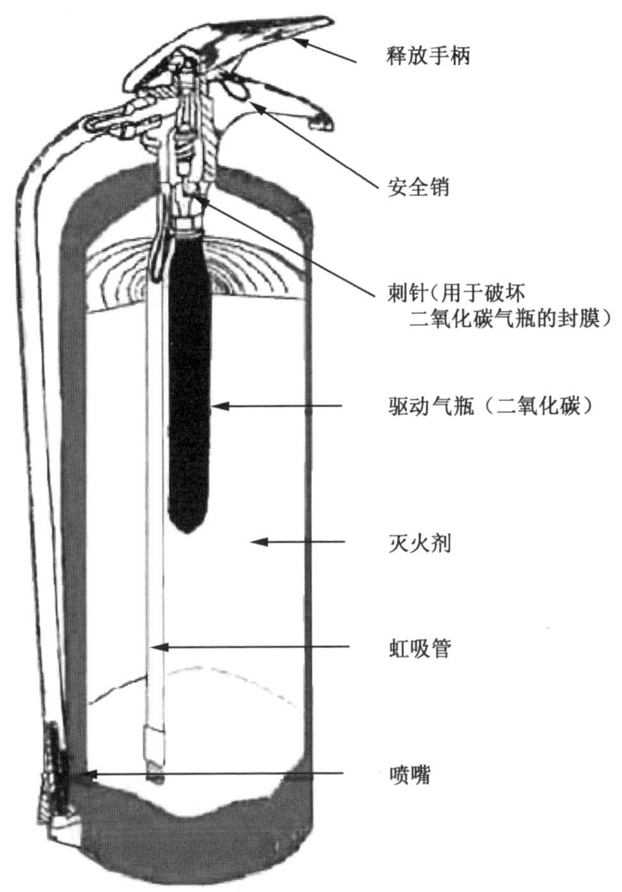


图 3-1-1 空气泡沫灭火器的结构

为清水灭火器。

清水灭火器中充装清洁的水,为了提高灭火性能,在清水中加入适量添加剂,如抗冻剂、润湿剂、增黏剂等。清水灭火器采用贮气加压方式,加压气体为液体二氧化碳,其结构可以参考图 3-1-1。

清水灭火器适于扑救常见可燃固体的初起火灾。

3. 干粉灭火器

干粉灭火器依靠驱动气体(常用的是二氧化碳或氮气),驱动干粉喷射灭火,主要用于扑灭可燃液体、可燃气体和电气设备等初起火灾。

干粉灭火器通常由钢瓶、瓶盖、驱动气瓶、喷射系统开启机构等部分组成。钢瓶是充装干粉灭火剂的容器,瓶盖是密封筒体的盖子,筒盖上还装有提把、喷射软管、贮气钢瓶、出粉管、出气管和开启机构等。驱动钢瓶是贮存液态二氧化碳的容器。干粉灭火器根据驱动气瓶的安装位置不同,可分为内装式和外装式两种。除此之外,干粉灭火器还

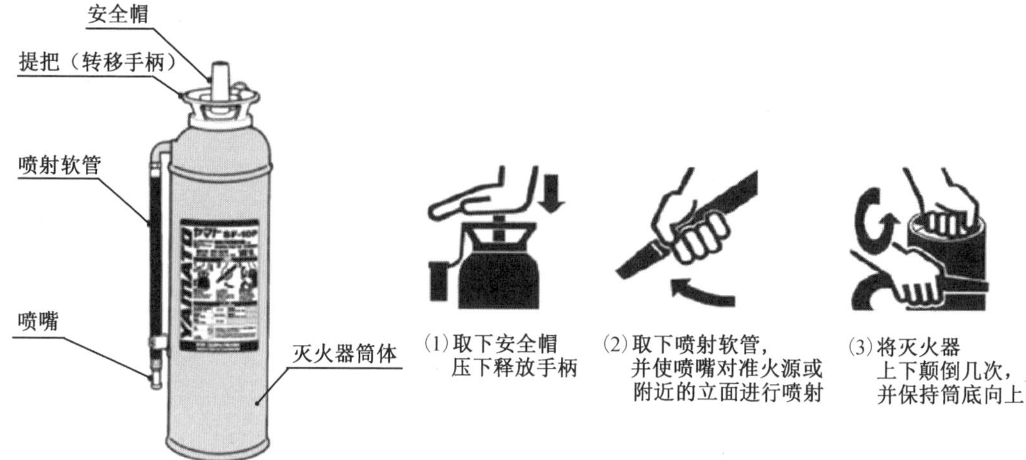


图 3-1-2　化学泡沫灭火器及其释放程序

包括贮压式干粉灭火器，此种灭火器没有驱动气瓶。内装式干粉灭火器如图 3-1-3 所示。

驱动气瓶由无缝钢管经加热、旋压收口制成，采用金属膜片密封。喷射系统由出气管、出粉管、喷射软管和喷嘴等部件构成。出气管由金属材料制成，下端密封，在下部和中间开有两对出气孔。当驱动钢瓶的密封膜片被刺破后，释放出来的二氧化碳气体经过出气管进入灭火器筒体内，对干粉进行搅动、加压。出粉管是由金属、尼龙材料或硬塑料制成的，上端与瓶盖相连，下端进口处一般都装有防潮堵。防潮堵有两个作用：一是把灭火器筒体内部与外界大气隔绝，以防干粉灭火剂受潮结块；二是改善灭火器低温时的喷射性能。开启机构由压把、压杆、限位弹簧和穿刺钢针等零件组成。压杆上与压把相连，下与穿刺钢针相接。限位弹簧使穿刺钢针平时与密封膜片保持一定距离，以免碰破膜片而造成误喷射。为防止在压杆与筒盖配合处泄漏，压杆上部装有密封圈。开启时只要压下压把，压杆就会推动穿刺钢针刺破贮气钢瓶的密封膜片，释放出二氧化碳气体。外装式干粉灭火器与内装式的不同之处在于二氧化碳驱动钢瓶的安装位置。外装式干粉灭火器如图 3-1-4 所示。

除此之外，将灭火剂和驱动气体同时存储于钢瓶内的，称为贮压式。贮压式干粉灭火器由筒体、筒盖、喷射系统和开启机构等部件组成。其结构简单，由于压缩氮气与干粉共存于灭火器筒体中，因而没有贮气瓶和出气管。但为了显示压力，应在筒盖上增加一块压力表。

4. 二氧化碳灭火器

手提式二氧化碳灭火器由钢瓶、瓶头阀和喷射系统组成，如图 3-1-5 所示。

钢瓶是充装液态二氧化碳的容器，它采用无缝钢管经加热、旋压收口制成，属于高压容器。瓶头阀既是密封灭火器钢瓶的盖子，又是控制灭火剂喷射的阀门。瓶头阀一

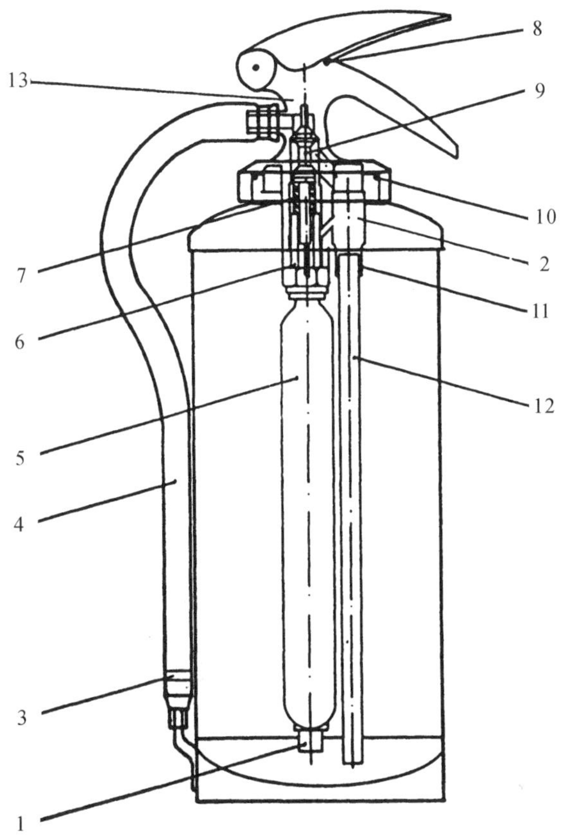


图 3-1-3 内装式干粉灭火器

1—出气管;2—流量调节阀;3—“O”形夹;4—喷射软管(带喷嘴);5—贮气瓶;6—压杆压片;7—弹簧;8—安全销;9—控制杆;10—“O”形螺母;11—管架;12—出粉管;13—瓶头总成

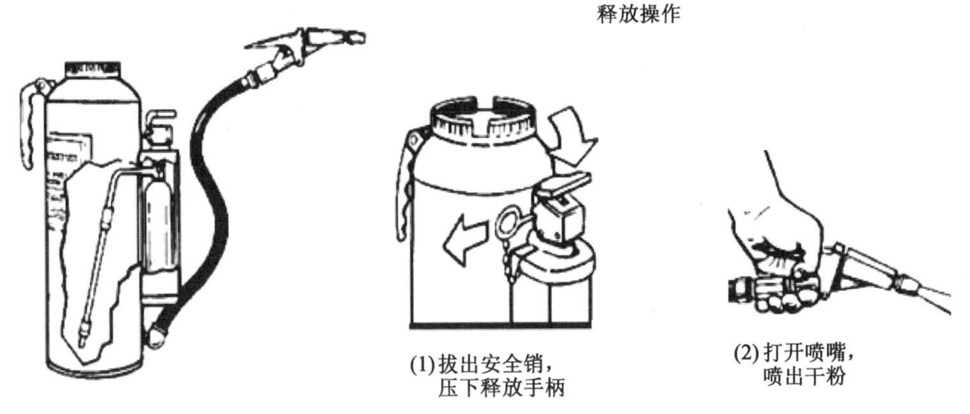


图 3-1-4 外装式干粉灭火器

般由铜合金经热锻加工制成。瓶头阀上装有超压安全保护装置和开启机构。超压安全保护装置为安全膜片。开启机构有两种:手轮式和压把式。手轮式开启机构由手轮、螺杆组成,开启后只能一次用完,现在已淘汰。压把式开启机构是由压把和压杆组成的。开启时压下压把,压杆就会下移,推动密封阀芯脱离密封座,使二氧化碳释放出来。松开压把,阀芯则会在弹簧和内部压力的作用下自动复位而关闭。所以,这种开启机构是手动开启、自动关闭型。二氧化碳灭火器的喷射系统由虹吸管、喷射连接管和喷口组成。虹吸管由镀锌钢管或塑料制成,它是二氧化碳从筒体内向外喷射的通道。虹吸管上端与瓶头阀连接,下端在距钢瓶底部 10 mm 处,被切成 30°的斜面,以利于二氧化碳的喷射。二氧化碳灭火器喷口与瓶头阀的连接形式有两种:刚性连接式和软管连接式。刚性连接式的喷口是用金属管连接在灭火器的瓶头阀上的。使用时,喷口和金属管只能绕瓶头阀上下转动,并可以在任意位置停顿,如要左右摆动,就需水平转动灭火器筒体。而软管连接式的喷口用喷射软管与瓶头阀相连,喷口可以绕瓶头阀上下左右任意转动,在喷射软管与喷口的连接处有供人握持的手柄。一般船舶上配备的二氧化碳灭火器都采用这种连接方式。

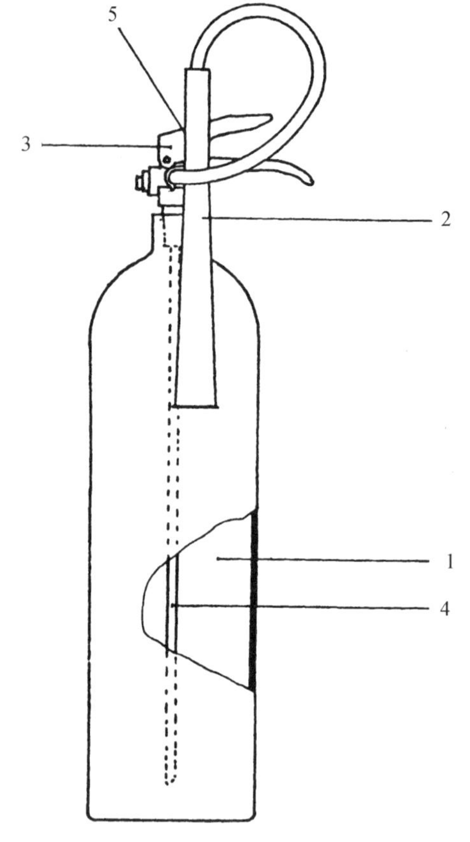


**图 3-1-5　二氧化碳灭火器**

1—二氧化碳钢瓶;2—二氧化碳喷嘴(带软管);3—瓶头阀;4—虹吸管;5—安全销

手提式二氧化碳灭火器不能配置于船舶生活区内。

5. 1211(卤代烷)灭火器

虽然,IMO 和我国海事主管机关均未对手提式或推车式 1211 灭火器在船上的禁用日期做出规定。但是中国船级社《船上灭火器配置和定期检查与检修保养及试验要求指南》规定,在用的 1211 灭火器如已使用,能再进行充装,则仍可使用。但是新造船舶配置灭火器时,不应再使用 1211 灭火器。我国为了落实《蒙特利尔破坏臭氧层物质管制议定书》,2000 年已停止使用 1211 灭火剂,2005 年也已停止使用 1301 灭火剂。所以,2005 年以后,我国也就不再生产上述灭火剂。为了保证船舶的正常营运,船舶原配卤代烷灭火器已经置换成其他灭火器。

## 二、大型推车式灭火器及其等效物

SOLAS 公约规定,在 A 类机器处所、滚装处所内应设置推车式泡沫灭火器及其等效物。等效物主要指推车式二氧化碳灭火器、推车式干粉灭火器。推车是指该类灭火器需带有活动轮子,便于移动使用。推车式灭火器的总重不得大于 450 kg,且应满足单人即可进行移动和操作的要求。等效物(灭火器)系指能扑灭 B 类火且其灭火能力与容量为 45 L 和 135 L 的推车式泡沫灭火器相当的其他灭火器。

1. 推车式泡沫灭火器

该灭火器筒身内装空气泡沫溶液,驱动气瓶悬挂于灭火器外(也有安装于灭火器内的)。驱动气瓶和灭火器之间有高压气管连接,如图 3-1-6 所示。推车式泡沫灭火器通常配备于船舶的机舱内。推车式泡沫灭火器在船上有两种规格:45 L 推车式泡沫灭火器配备于船舶主机(内燃机)附近,135 L 推车式泡沫灭火器配备于船舶锅炉附近。

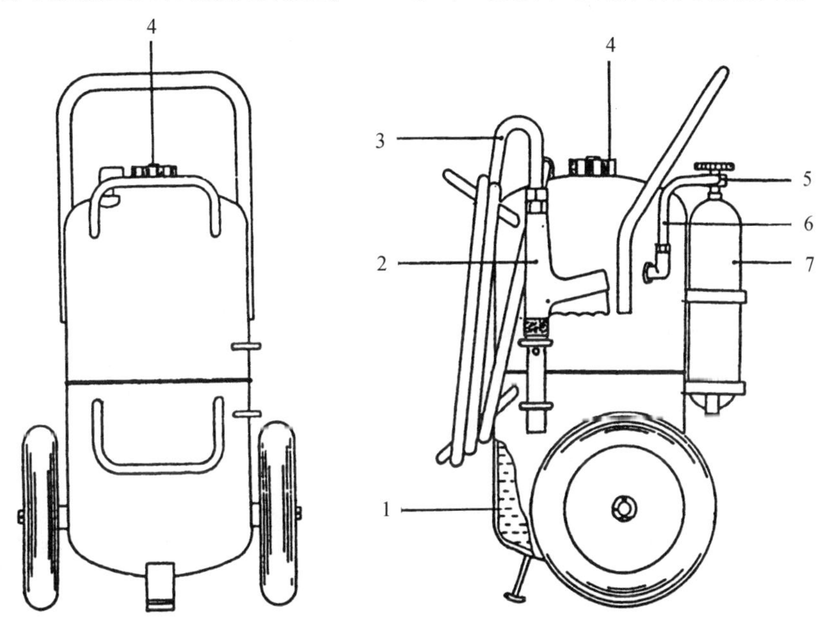


**图 3-1-6 推车式泡沫灭火器结构示意图**

1—空气泡沫;2—泡沫喷枪和转环;3—喷射软管;4—螺帽环和制动轮;5—二氧化碳阀;6—二氧化碳高压管;7—二氧化碳钢瓶

推车式泡沫灭火器的使用方法:①确认灭火器处于可用状态;②将泡沫灭火器推到火场附近,并且保证灭火器正对火场(和火场保持安全距离);③拔下灭火器的安全销,并转动(根据实际情况)操作手柄;④拿起释放喷嘴,并将释放管铺开,对准火焰根部(根据射程调整喷嘴的位置);⑤打开喷嘴上的释放开关,并将灭火剂喷射到火源处;⑥左右扫射,并根据火场的变化,从近端(靠近操作者)向远端推进。

2. 推车式干粉灭火器

推车式干粉灭火器主要设置在机器处所、滚装处所内。它由筒体、筒盖、驱动气瓶、转移系统、喷射系统和开启机构等组成。驱动气瓶也有两种设置形式:内装式和外装式。内装式的结构紧凑,美观大方。外装式的则在检查、修理和维护时方便。推车式干粉灭火器如图 3-1-7 所示。

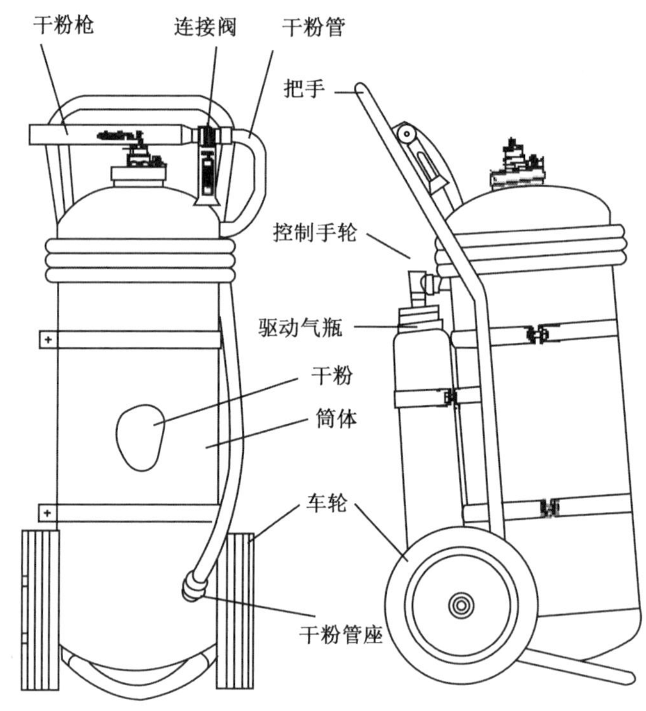


图 3-1-7　推车式干粉灭火器

推车式干粉灭火器的配备:根据《推车式灭火器》(GB 8109—2005),我国所生产的推车式干粉灭火器规格为 20 kg、50 kg、100 kg、125 kg①。

根据灭火级别,20 kg 推车式干粉灭火器(灭 B 类火的最小级别不应小于 144B),就可等效于 45 L 干粉灭火器;同样道理,50 kg 的干粉灭火器(灭 B 类火的最大级别为 297B)可以替代 135 L 推车式泡沫灭火器(灭 B 类火的最大级别为 297B)②。

推车式干粉灭火器的使用方法可参考推车式泡沫灭火器的使用方法。

3. 推车式二氧化碳灭火器

推车式二氧化碳灭火器结构与手提式灭火器基本相同,其主要不同点在于多了一

① 此处重量为灭火机重量,包括其他附属设施的重量。

② 日本海事协会出版的《技术信息》(2018 年 5 月)声明重量至少 45 kg 的二氧化碳灭火器或者重量至少 40 kg 的干粉灭火器可以作为容积 135 L 的泡沫灭火器的替代设备。

个方便移动灭火器的推车,开启机构全部采用手轮式的。大型二氧化碳灭火机如图 3-1-8 所示。

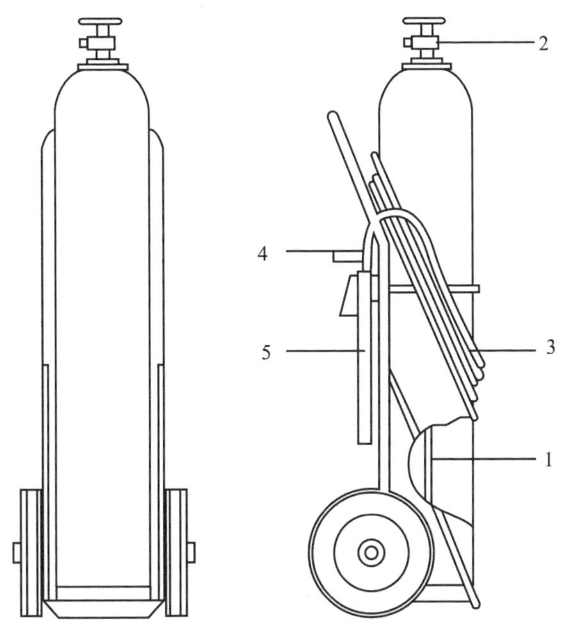


**图 3-1-8 大型二氧化碳灭火机**

1—虹吸管;2—瓶头阀;3—高压软管;4—喷射开关;5—喷嘴

推车式二氧化碳灭火器的配备:根据《推车式灭火器》(GB 8109—2005),我国所生产的推车式二氧化碳灭火器规格为 10 kg、20 kg、30 kg、50 kg①。按照 GB 8109—2005 的要求:50 kg 装二氧化碳推车灭火器可以替代 135 L 的推车泡沫灭火器;30 kg 装二氧化碳推车灭火器可以替代 45 L 的推车泡沫灭火器。

推车式二氧化碳灭火器的使用方法可参考推车式泡沫灭火器的使用方法。

4. 手提式泡沫枪(可携式泡沫装置)

手提式泡沫枪(可携式泡沫装置)应包括 1 具能以消防水带连接于消防总管的吸入式空气泡沫枪,连同 1 只至少能盛装 20 L 泡沫液的可携式容器和 1 只备用容器。泡沫枪应能至少产生 1.5 $m^3$/min 适合于扑灭油类火灾的有效泡沫。

可携式泡沫灭火装置如图 3-1-9 所示。

该装置主要放置在 A 类机器处所内及特种处所的甲板上的存储箱内,火灾发生时能够利用消火栓供水施放出泡沫去扑救火灾。

使用时,将消防水带接入固定水系统。当消防水进入空气泡沫枪后,在枪体和喷嘴构成的空间形成负压。这个空间通过吸液管接头与吸液管连接,吸液管一端插入空气

① 此处重量为灭火剂重量,包括其他附属设施的重量。

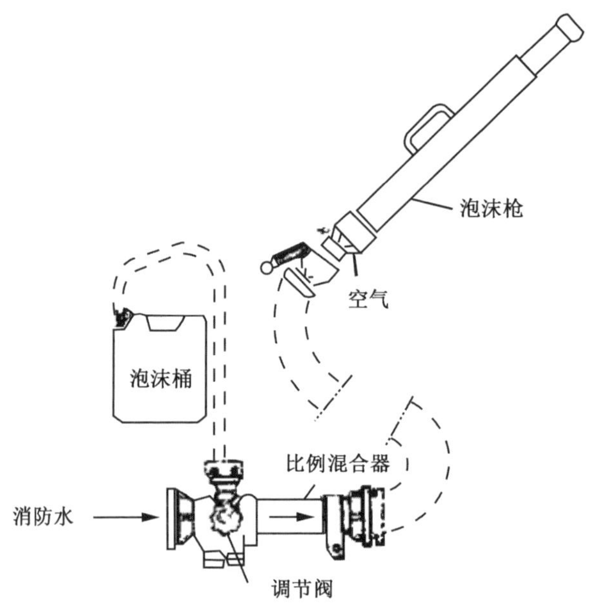


图 3-1-9　可携式泡沫灭火装置

泡沫液桶,吸取空气泡沫液,使空气泡沫液与水按比例混合,当混合液流过喷嘴时,立即扩散雾化,再次形成负压而吸入大量空气,与混合液进行混合,形成空气泡沫,经过整个枪筒产生良好的泡沫射流喷射出去。

灭火人员手持泡沫喷枪,处于失火部位的上风位置,调整喷射距离,使泡沫平稳地覆盖在着火油面或物体上。发射泡沫应连续进行,直至把火扑灭。

使用可携式泡沫装置应注意:

(1)对油类火灾,不可直接将泡沫射向油面,否则会扩大火灾。应对着火后的壁、墙等喷射,使其流下覆盖液面。

(2)喷射时如有风,应使泡沫向顺风方向喷射,避免侧风喷射。

## 第二节　扑救小型初期火灾的方法

本节是为了履行 STCW 公约 A-Ⅴ/1-2(KUP)表中第二项“扑灭火灾”的第三栏中第二项中的三个要求:第一,能够正确选择泡沫、干粉或其他合适的化学灭火剂;第二,能够正确使用各种类型的手提式灭火器;第三,能够扑救小火,如电器火、油火、丙烷火。

### 一、灭火剂的选择

不同种类的灭火剂适用于不同物质的火灾。在进行火灾扑救时,如果灭火剂选择不当,不仅扑灭不了火灾,还有可能引起逆化学反应,甚至造成爆炸伤人事故。不同灭

火剂适用的火灾类型如表 3-2-1 所示。

表 3-2-1　不同灭火剂适用的火灾类型

| 灭火剂<br>火灾类型 | 水 | 泡沫 | 干粉 | 二氧化碳 | 湿性化学干粉 |
| --- | --- | --- | --- | --- | --- |
| A 类火灾 | √ | √ | √ | × | √ |
| B 类火灾 | × | √ | √ | √ | × |
| C 类火灾 | × | × | √ | × | × |
| D 类火灾 | × | × | × | × | × |
| E 类火灾 | × | × | √ | √ | × |
| F 类火灾 | × | × | × | × | √ |

注意:(1)√代表适用;×代表不适用。

(2)D 类火灾是轻金属引起的火灾,使用 D 类干粉扑救;E 类火灾是带电设备火灾;F 类火灾是烹调油火灾,使用一般的灭火器扑救的效果都不好,用湿性化学灭火器扑救的效果最好。

水适用于扑救 A 类火;泡沫适用于扑救 A 类、B 类火;干粉的适用范围较广,适用于扑救 A 类、B 类、C 类和 E 类火;二氧化碳则适用于扑救 B 类和 E 类火。

## 二、各种灭火器的使用

### 1. 灭火器的使用方法

手提式灭火器是常用的灭火器材。人们在使用的过程中总结出了手提式灭火器的使用程序,这个程序可以总结为一个英文单词:PASS(具体含义可参阅图 3-2-1)。除了上述使用规程外,还应注意:灭火器在使用前应确认该灭火器是否处于正常状态;在接近火场的过程中,要保持低姿接近;在撤离火场时,保持面对火场,时刻观察火场的变化,防止火灾复燃。

### 2. 使用灭火器的原则

(1)先确保人员安全,再考虑扑救火灾。

(2)先控制、后扑救。注意不要让小火变大火,然后再考虑扑救。

(3)对于复杂的火场,先扑救周边火,再扑救中心火。

(4)对于上下蔓延的火场,先扑救火场上侧的火,再扑救地面的火。

(5)扑救火灾从上风开始,逐渐向下风移动。

## 三、扑救小型火灾的方法

### 1. 扑救电器火

对于电器火,最好的灭火剂就是二氧化碳;如果不考虑灭火剂的后续影响,也可使用干粉灭火器。

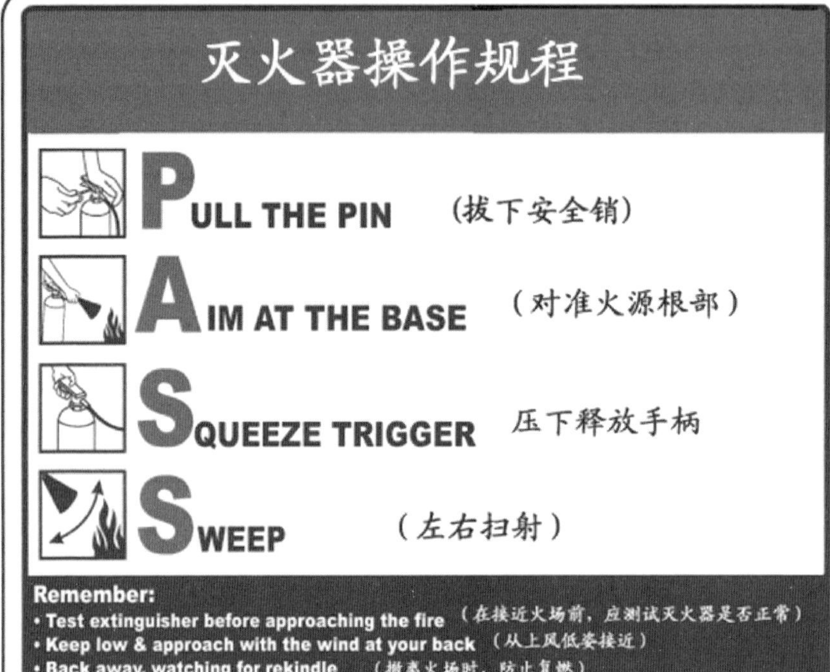


图 3-2-1 灭火器的使用方法

扑灭电器火，最好是先切断电源，断电后再扑救。当然，在特殊情况下，对于电气设备也可带电扑救。

使用灭火器扑救电器火时，应：

(1)先取出火场附近的灭火器，并将灭火器提到合适的地方；

(2)按照前述的 PASS 方法，使用灭火器扑救电器火灾。

利用二氧化碳灭火器扑救时，喷嘴距火焰应保持适宜距离，一般喷口距火焰 3 m 左右。利用二氧化碳灭火器扑救电器火灾如图 3-2-2 所示。

2. 扑救油类火

油类火属于可燃液体着火。最合适的灭火剂是泡沫，所以扑救油类火应首先选择泡沫灭火器。

使用泡沫灭火器扑救油类火时，应：

(1)先将泡沫灭火器平稳地提到现场。

(2)根据泡沫灭火器的不同要求，启动泡沫灭火器(对于化学泡沫，迅速扳起瓶盖机构，将灭火器倒置，两种溶液相混产生化学反应，射出泡沫；对于空气泡沫灭火器，使用方法为 PASS 方法)。

(3)用泡沫灭火器扑救油类火时，需将泡沫喷向火源附近的立面或者是从火源的

图 3-2-2 利用二氧化碳灭火器扑救电器火灾

上风开始均匀布设泡沫层，以使泡沫平稳地将燃烧液表面全部覆盖，火焰才能窒息。

（4）灭火后要注意防止复燃，因为手提灭火器容量小，往往是表面扑灭了，过一段时间又复燃。

除泡沫灭火器外，干粉灭火器也可扑救油类火。干粉灭火器扑救油类火时需要注意：在扑救可燃液体火灾时，亦应从上风侧对准火焰根部左右扫射，快速向前推进，将余火全部扑灭；在扑救容器内火灾时，应注意不要把喷嘴直接对准液面喷射，以防干粉气流的冲击力使油液飞溅，引起火势扩大，造成灭火困难。

3. 扑救丙烷火

丙烷火属于气体火，合适的灭火剂就是干粉，所以扑救小型丙烷火或者类似火灾时，应该选择干粉灭火器。

手提式干粉灭火器使用方法如下：

（1）先将灭火器竖直提至火场。

（2）按照 PASS 方法操作干粉灭火器。

（3）灭火器喷射时，应保持喷嘴与火焰表面平行，灭火时应由上风开始，逐渐向下风推进，直至火焰完全熄灭。

（4）室外施放时，应站在上风施放。

需要注意的是：对于丙烷等气体火灾，重要的不是扑救，而是找到气体的泄漏点，封堵住泄漏点。如需要，可以用水雾掩护。

# 第三节　消防员装备及其他用品

消防员装备使用技能部分是为了履行 STCW 公约 A-Ⅵ/1-2(KUP)表中第二项"扑灭火灾"的第三栏中第二项"正确使用消防员装备"的操作要求。

## 一、消防员装备的介绍

消防员装备是保护在火场中执行搜救任务的消防员人身安全的重要装备品,不仅是火灾救助现场不可或缺的必备品,也是保护消防员身体免受伤害的防火用具,确保消防人员安全地进入火场进行受困人员搜救、探察火情和灭火行动等。

现在我们就简单介绍一下消防员装备的性能特点。

根据《国际消防安全系统规则》(International Code for Fire Safety Systems, FSS Code)规定,消防员装备包括一套消防员个人设备、一副呼吸器和一根耐火安全绳。

1. 消防员个人装备

消防员个人装备包括:防护服、长筒靴、头盔、防爆安全灯、可携式消防斧。

FSS 规则要求,防护服的材料应能保护皮肤不受火焰热辐射及灼伤和蒸汽烫伤。其外表面应能防水。防护服由上衣、裤子、手套、头罩和鞋罩组成。防火隔热服和呼吸器如图 3-3-1 所示。

图 3-3-1　防火隔热服和呼吸器(左为非铝箔防护服,右为铝箔防护服;TIC 为热成像仪)

长筒靴由橡胶或其他绝缘材料制成。头盔应为硬质头盔,该头盔应该坚固耐用,能对撞击提供有效保护。

可携式消防斧[①]的手柄必须能提供高压绝缘保护。船用消防斧有长柄和短柄两种。长柄消防斧(Pike Head Axe)是一种重型的带有尖头的组合式斧头,传统上通常被称为“船斧”。其斧头刃口用来割断电缆,尖端用来撬开门上的锁头,甚至可以撬开船上的舱壁门,以获得救援通道。短柄消防斧也被称为腰斧,可以在作业范围狭窄、长柄消防斧使用不便的地方使用。短柄消防斧携带方便,操作轻巧。

认可型安全电灯(手提灯)的照明时间至少为 3 h。在液货船上使用的和拟用于危险区域的安全电灯应为防爆型。长柄消防斧和电池安全灯如图 3-3-2 所示。

图 3-3-2 长柄消防斧和电池安全灯

2. 正压式空气呼吸器[②]

SOLAS 公约规定,船舶配置的正压式空气呼吸器的气瓶应至少存储 1 200 L 的空气,并且呼吸器的所有气瓶都应能够互换使用,或者使用能够供气至少 30 min 的其他自给式呼吸器。正压式空气呼吸器主要由高压空气瓶、全面罩及调节阀、余压报警器等组成。正压式空气呼吸器的原理如图 3-3-3 所示。

SOLAS 公约和 FSS 规则增加了关于消防人员装备呼吸器和双向便携式无线电话设备的要求[③]:

(1)呼吸器应安装声音及视觉或其他报警装置,当气瓶内气体存储量减少到不小于 200 L 时能够警示使用者。该规定适用于 2014 年 7 月 1 日后建造(安放龙骨)的船舶,其他船舶需在 2019 年 7 月 1 日前满足该规定。

(2)所有于 2014 年 7 月 1 日或者之后建造的船舶,应为其每一消防小组配备至少两台双向便携式无线电话设备以确保消防人员良好通信。这些双向便携式无线电话应

① 带尖消防斧带有尖锐的矛头,是一种重型消防斧,传统上被称为“船斧”,该斧头用于切断电缆,矛头用于破拆锁死的安装于轮壁上的防火门,以获得救援通道或脱险出口。

② 该设备在国际上被称为 SCBA(Self-contained Breathing Apparatus),中华人民共和国公安部称其为正压式空气呼吸器。在中国船级社的资料中翻译为自供气式空气呼吸器。在此,我们按照公安部的命名。

③ 经国际海事组织(IMO)MSC. 338(91)和 MSC. 339(91)决议通过并采用的 SOLAS 公约和 FSS 规则 2014 年修订案已于 2014 年 7 月 1 日开始生效。

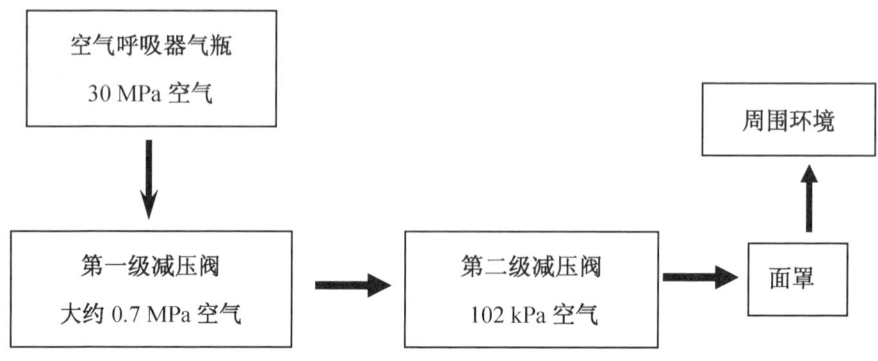


图 3-3-3　正压式空气呼吸器的原理

该具有防爆功能或者是本质安全型设备。其他船舶应在不晚于 2018 年 7 月 1 日前满足该要求(SOLAS 公约第Ⅱ-2/10.10.4 条规定)。

3. 耐火安全绳

每一呼吸器都应配有一根长度至少为 30 m 的耐火安全绳。耐火安全绳应能够通过 5 min 的 3.5 kN 静荷载认可试验。耐火安全绳应能够用卡钩系在呼吸器的背带上,或系在一条单独的系带上,以防止在使用耐火安全绳时与呼吸器脱开。它的主要作用包括两个方面:第一,显示来时的通道路径;第二,作为搜救时的简单通信工具(通过有节奏地拉动绳索,表达特定的含义)。

耐火安全绳如图 3-3-4 所示。

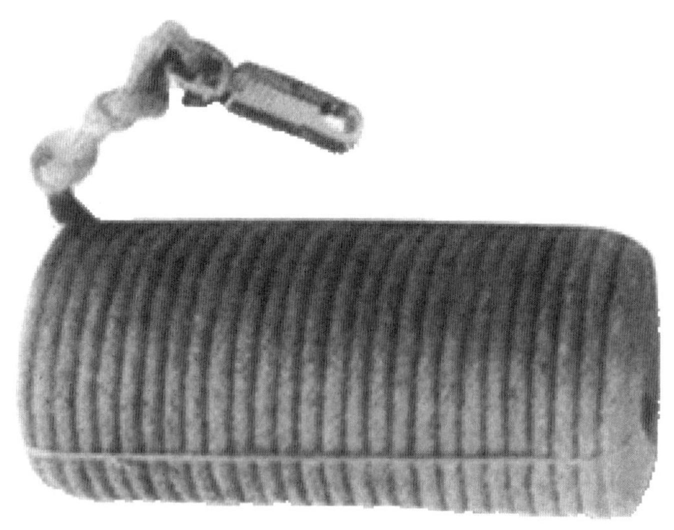

图 3-3-4　耐火安全绳

4. 配备要求

每艘船舶至少配有两套消防员装备,存放在易于取用之处。船舶上配备的消防员

装备中的防护服通常包括两种类型:一种是传统的符合 SOLAS 公约标准的消防员装备,通常称为铝箔服;另一类为满足美标或欧标的消防员装备,其防护服采用间位芳纶(阻燃处理)制作而成。SOLAS 公约对国际航行船舶配备消防员装备品的要求如表 3-3-1 所示。

**表 3-3-1 SOLAS 公约对国际航行船舶配备消防员装备品的要求**

| 船舶类型 | 设有乘客处所和服务处所的甲板 |
|---|---|
| 客船 | 至少 2 套,除此外,还应满足下列要求:<br>(1)按其最大的乘客处所和服务处所的总长度,每 80 m 或其零数备有 2 套消防员装备和 2 套个人配备;<br>(2)对载客超过 36 人的,每一主竖区内应另增加 2 套消防员装备,每具呼吸器应设有 1 支水雾枪;<br>(3)可根据船舶大小和类型增加个人配备和呼吸器数量 |
| 油船 | 至少 4 套,根据船舶大小和类型还需增加个人配备和呼吸器数量 |
| 货船 | 至少 2 套,根据船舶大小和类型还需增加个人配备和呼吸器数量 |
| 平台 | 至少 2 套消防员装备和 2 套个人配备;<br>消防员装备应存放于易于到达之处并处于随时取用状态,如适用,其中 1 套装备应存放在直升机甲板的附近 |

注:零数表示不足 80 m 以 80 m 计。

## 二、消防员装备的使用

因消防员装备较其他衣服稍重,穿时可以两人协作,也可以单人完成。消防员装备如图 3-3-5 所示。

下面是单人使用消防员装备的程序,消防员装备会由于生产厂家的不同而稍有区别。

1. 使用前的检查

如果时间允许,最好对正压式呼吸器进行使用前检查。使用前检查包括:

(1)检查面罩的气密性

将手掌贴在面具的供气阀连接接口上;吸气然后屏住呼吸几秒钟,面具应该贴在脸上不动并保持一段时间,证明没有泄漏;如果面罩滑动说明有泄漏,调整面具头带后,重新测漏直至不漏为止。

(2)检查中压软管的气密性

将呼吸面罩接到中压软管上,并打开空气瓶瓶头阀,观察压力表。压力表的读数应不低于 28 MPa;之后将空气瓶的瓶头阀关闭,再连续观察一段时间(观察时间依据品牌不同而不同),如果压力表读数基本不变,则说明中压软管的气密性符合要求。

(3)检查余压报警装置的性能

检查完中压软管的气密性后,可以轻轻地打开供气阀,或者将面罩罩在脸上轻轻呼吸,当压力表的读数降到 5.5±0.5 MPa 时,可以听到余压报警装置的报警声音。

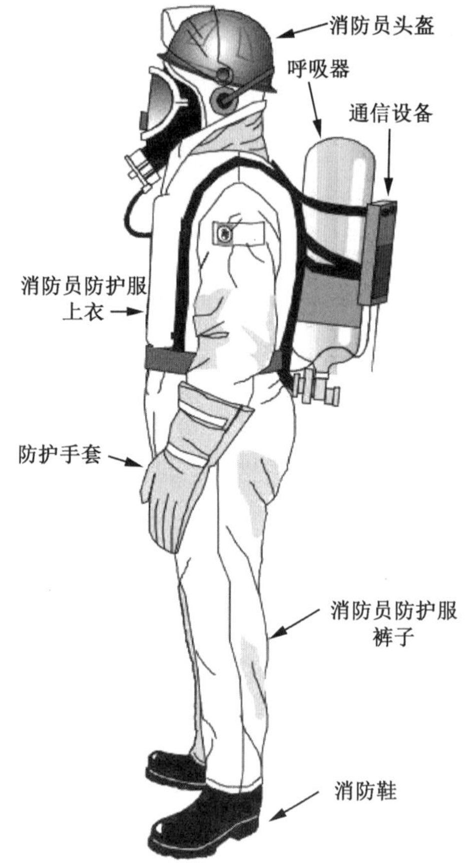


图 3-3-5　消防员装备

完成上述三项检查后，就可以使用消防员装备了。

2. 消防员装备的穿戴和使用

(1)先穿消防员个人装备中的裤子。穿好裤子后调整肩带，然后穿上隔热靴，并拉上裤子拉链。裤管套在鞋筒上，扎紧裤口。之后，穿上消防员个人装备中的上衣，并拉上拉链。

(2)背戴气瓶。背戴气瓶通常有两种方式：过肩式和交叉穿衣式。过肩式使用较普遍：将呼吸器的瓶头阀向上放置于平地上，调整好肩带，两手肘部撑开肩带，两手握住背托，将气瓶举过头顶，并从后背滑下。之后通过肩带调节气瓶的上下位置和松紧，直到感觉舒适为止。将腰带公扣插入母扣内，然后将左右两侧的伸缩带向后拉紧，确保扣牢。最后，将供气阀上的接口对准面罩插口，用力往上推，当听到咔嚓声时，安装完毕。

(3)顺时针转动瓶头阀，将阀打开至少两圈以上。

(4)将面罩的上调整带子放松，拉开面罩头网；把面罩置于脸上，然后将头网从头部的上前方向后下方拉下，由上向下将面罩戴在头上。调整面罩位置，收紧下端的两根

颈带,然后收紧上端的两根头带。

(5)戴好头盔,之后戴上手套后扎紧袖口。

(6)深呼吸,打开供气阀,感觉呼吸是否顺畅。

(7)系好防火安全绳。

(8)带好安全灯和消防斧。

3. 卸下装备

先脱去手套。然后转动供气阀上旋钮,关闭供气阀。之后,右手扣住面罩下端的扣环;左手托住面罩向前一推,松开颈带,然后再松开头带,将面罩从脸部由下向上脱下。

解开腰带,放松肩带,将呼吸器从背上卸下,关闭气瓶阀。脱去上衣,脱去隔热靴,最后脱去裤子。

注意:只有身体健康并经过训练的人员才允许佩戴呼吸器,使用前准备时应有监护人员在场。

4. 安全灯和防火安全绳的使用注意事项

(1)防爆安全灯应斜挎在肩上(如图 3-3-1 所示)。

(2)使用防火安全绳时应该确定好联系信号。比如探火员与协助者的联系信号为:拉动绳子一下为放绳前进;拉动绳子两下为探火员到位;拉动绳子三下为拉紧绳索并撤离现场;拉动绳子四下以上为需要援助。

## 三、其他用品

### (一)紧急逃生呼吸器

紧急逃生呼吸器在船舶上直接被称作 EEBD。紧急逃生呼吸器仅用于逃离有毒气体舱室时使用。紧急逃生呼吸器应至少使用 10 min。船舶配备的紧急逃生呼吸装置是压缩空气。

紧急逃生呼吸器不应用于灭火、进入缺氧隔离舱或舱室等操作。紧急逃生呼吸器也不能供消防员佩戴。

紧急逃生呼吸器由压缩气瓶、压力表和面罩组成,还装备一个能遮盖头部、颈部、肩部的防火焰头罩,头罩上有一个清晰宽阔、明亮的视窗。压缩气瓶:气瓶容积为 2. 2 L 或 3 L,工作压力为 21 MPa①。紧急逃生呼吸器如图 3-3-6 所示。

压缩气瓶上装配有气瓶阀、减压阀、输气导管、头罩以及挎包。气瓶阀是释放空气和充装压缩空气的控制阀,其上装有压力表。正常存放期间不显示气瓶内的压力。

减压阀能将气瓶内的高压空气降为 0. 5 MPa 的中压,并且能够将中压气体流量控

---

① 紧急逃生呼吸器是根据国际海事组织 MSC. 98(73)决议要求配备的,并于 2002 年统一列于 FSS 规则中。其后《船舶与海上技术——船上呼吸装置》“第 1 部分 船用紧急逃生呼吸器”(ISO 23269-1)、《船舶与海上技术——船用呼吸器》“第 1 部分 船用紧急逃生呼吸器”(GB/T 32078. 1—2015)都对其进行了规范。在上述规范中并未对气瓶压力做出明确要求,其只是对其使用时间做出了规定,即不少于 10 min。

图 3-3-6　紧急逃生呼吸器

制在不小于 35 L/min 的稳流状态,流到头罩内供人呼吸使用。

输气导管通过一端的连接快速插头连接减压阀,另一端连接头罩进气接头。输气导管向头罩内输送经减压的压缩空气。

头罩由阻燃、抗渗水、抗热辐射的材料制作,具有隔热和防火功能。经密闭处理,将人体头部、颈部罩盖保护在其内与外界隔离,免受危险气体、高温的伤害。头罩内进气口上装有进气分散器,使气体吹向透明视窗,既可消除视窗上的雾气,又使新鲜空气在口鼻部位附近供人呼吸。

存放和携带紧急逃生呼吸器的是挎包。挎包由阻燃材料制作。袋口采用快捷的尼龙搭扣,挎包的外表面上具有佩戴示意图、简单说明、使用时间提示和维护保养要求等。

1. 紧急逃生呼吸器的检查

打开压缩气瓶的气瓶阀,储存在气瓶内的压缩空气从气瓶阀进入减压阀,经减压器组件减压成 0.5 MPa 的中压,调节成不小于 35 L/min 的流量后,通过中压管直接流送到头罩内供呼吸使用。在检查及使用时,气瓶上的压力表显示气瓶内压力。头罩上装有呼气阀,将使用者呼出的气体排出保护罩外。由于保护罩内的气体压力大于外界大气压力,所以外界气体不能进入保护罩,从而达到保护正常呼吸的目的。

为了保证使用者的安全,检查需注意以下几个方面:

(1)检查气瓶内的气压。旋松快速插口上的锁紧螺母,拔出快速插头,使其与快速接口分离。打开气瓶阀,观察压力表,其读数应是(21±1) MPa。关闭气瓶阀,插入快速接头,泄清余压,使压力表恢复到 0。锁紧快速插口上的锁紧螺母。

(2)目视检查头罩与输气管、输气管与减压器的连接是否牢固完好,减压器与气瓶阀的连接是否牢固完好。

(3)检查头罩颈扣松紧带的松紧程度是否适当。

2. 紧急逃生呼吸器的穿着

①将挎包套挂在脖子上或斜挎在肩上,适度调整背带。②打开背包的盖口,取出头罩。逆时针方向旋开气瓶阀直至完全打开,此时应有气流声。③将透明视窗向前把头

罩套在头上,颈口处自动紧缩在脖子上。④开始自主呼吸,整理好头罩位置,使双眼能够最佳地观察周围环境。

之后,尽快选择合适的路线逃离到安全地带,除非是唯一途径,否则应尽量避免通过危险区域。

使用后,双手抓住头罩下端的松紧带并向外撑开,向上脱出头、颈部,顺时针方向关闭气瓶阀。

**(二)灭火毯**

灭火毯(如图 3-3-7 所示)有玻璃纤维及纺织品等多种,平时装在包装袋内,放在船上适宜的部位。存放灭火毯的包装袋上须涂上醒目的颜色(如红色),以引起人的注意。

使用时,只要将其展开覆盖于小型燃烧物上,就能达到窒息灭火的目的。

图 3-3-7 灭火毯

## 第四节 火场搜救

本节内容是为了履行 STCW 公约 A-Ⅵ/1-2(KUP)表中第二项“扑灭火灾”的第三栏中第十项“在充满浓烟的舱室进行搜救”的操作要求。

船舶失火后,消防员可能会进入充满高温气体和浓烟的火场进行搜索和救助。进入火场搜救是一项非常危险的工作。为了保证进入火场的消防员的安全,需要先了解火场当中的危险。

### 一、火场中的危险

1. 火场当中充满烟雾,能见度很低

烟雾是物质在燃烧反应过程中热分解生成的含有大量热量的气态、液态和固态物质与空气的混合物。它是由极小的炭黑粒子、完全燃烧或不完全燃烧产生的灰分及可燃物的其他燃烧分解产物所组成的。

人在烟雾环境中能正确判断方向脱离险境的能见度最低为 5 m,当能见度降到 3 m 以下时,逃离现场就非常困难。

2. 火场中含有毒气体成分,特别是一氧化碳

火场中的有机物在燃烧时会产生碳的氧化物,具体而言就是一氧化碳和二氧化碳,其中一氧化碳有毒。同时,火场中的塑料制品的成分比较复杂,燃烧时,会产生硫的氧化物以及氯气、光气[①]等产物。这些气体会对人的呼吸系统造成伤害。

3. 温度很高且随舱室高度的升高而升高

当舱室顶部温度接近 800 ℃时,地面附近的温度大约为 70 ℃;当消防员蹲在室内时,其头盔顶部的温度大约为 250 ℃。失火舱室温度层的分布情况如图 3-4-1 所示。

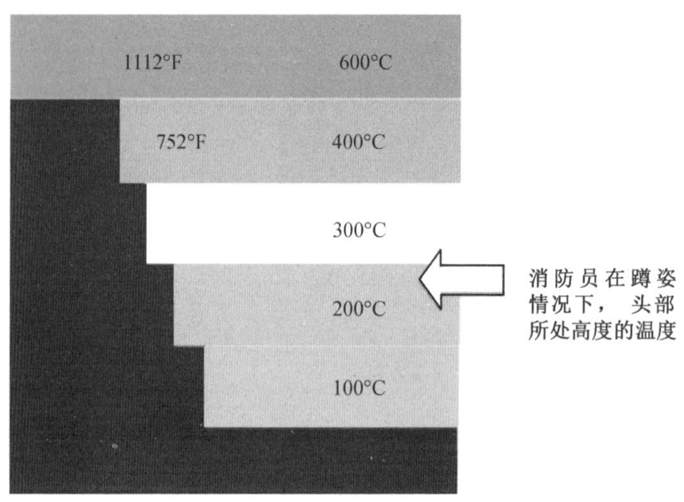


**图 3-4-1　失火舱室温度层的分布情况**

4. 可能会发生轰燃现象

轰燃是指火在舱室内部突发性的全面燃烧的现象。轰燃是室内火灾由局部燃烧转变为室内所有可燃物表面全面燃烧的转折点。从此刻开始,火灾由初期发展阶段进入全面燃烧阶段。室内可燃物与氧气快速发生反应,舱内温度迅速提升,而氧浓度急剧下降。此时被困人员生存率几乎为零。

## 二、火场搜救技能

1. 准备进入

实施烟雾舱室搜救的人员必须使用消防员装备。搜索人员按照我们上节介绍的程

① 通常开链的烃、醇、醛、酮等类化合物燃烧时均可产生光气。光气又称碳酰氯。高毒,不燃,化学反应活性较高,遇水后有强烈腐蚀性。

序穿好消防员装备。

2. 消防员进入火场

进入人员一定要预测一下舱内的情况。如果舱内适于消防员进入，消防员可以进入，否则就不能进入。同时，通常存在不止一条进出船舶火场的路线，进入火场搜救的人员需要根据当时的情况，采用相对安全的路线进入。

3. 进入火场搜救的方向

在火场中搜救，只有两个方向，即顺时针方向和逆时针方向。搜索顺序是：先搜索门后；接着按顺时针或逆时针搜索舱壁四周（先危险地点，后安全地点）；最后舱室中央（做数次横越搜索）。

4. 在火场中的搜救方法

（1）曳步前行；将身体重心放在后脚，前脚掌沿地面（不要离开地面）试探向前，确认安全后再将后脚移到前脚位置（不要超过前脚），始终坚持前脚前移。这样行动可探查到脚下障碍物和危险如凸出地面的钉子、台阶、倒塌的物件等。

（2）探火队员的空手应保持在他的面部前 30~40 cm，手背朝前，微微弯向自身，上下慢速移动确保头部和面部不能碰到障碍物；手背向前的好处是当碰到尖锐物体、炽热或带电物体时，不是抓住而是立即闪开。

（3）在烟雾中，靠近地面的空气温度低，尽量低姿前行，手脚动作参考（1）和（2）。由于底部烟雾少，能见度高，可以在远处发现被困人员或火源。下台阶时，应后退前行，防止面部受热烘烤，手更牢固地抓住栏杆等固定物。

（4）确认通过舱门后，门不能突然关闭，以免退路断绝。

（5）保持同行者在一起，与外界保持联络。

5. 进入火场寻找被困人员的方法

（1）查看：借助所带的照明工具，认真（搜索）查看被困人员可能藏身的部位。

（2）细听：注意倾听被困人员的呼救声以及喘息、呻吟和响动声等，辨别他们所处的位置。

（3）触摸：在喊话、查看、细听的同时，可手持探棒在可能有被困人员的地点、部位触摸、搜寻。

（4）当在火场搜索中发现受伤人员时，可采用适当的搬运方法，将其救离现场。在搬运伤员之前，必须了解伤员的受伤种类和严重程度，选用最佳的搬运方法。

6. 火场中自救

被困人员需注意：在火灾事故中，人员不是全被火烧伤的，90%的伤亡人员是由于缺氧窒息或吸入致命的一氧化碳和其他有害气体。所以被困人员需尽可能延长呼吸设备的使用时间。自救方法包括：

（1）一旦船员发现被火困住后，应沉着冷静，不要慌乱，若条件许可，可沿退路，边灭火,边后退。

(2)根据本船实际情况,查看船舶脱险通道标志,选择能避开火的脱险通道。撤离时应沿舱壁行走,且必须保持低姿行进。

(3)如果在搜索中受困,千万不可惊慌喊叫,应马上告诉同伴或外面的协助人员,寻找安全地点,坐下或躺下休息,以节省气瓶内的空气,等候救助人员的抵达。当其抵达时,可拍手或敲击舱壁,指示方位。

# 第四章 固定水灭火系统

前面已经讲解过水这种灭火剂。消防人员在使用水时，怎么能够保证将水源源不断地送到消防人员身边？又是什么给水这种灭火剂如此大的冲击力？这就需要固定水灭火系统。

## 第一节 固定水灭火系统简介

固定水灭火系统是船舶消防系统的主要组成部分。固定水灭火系统由消防泵、应急消防泵、消防管系、消防栓、消防水带、水枪及国际通岸接头等组成。固定水灭火系统结构如图 4-1-1 所示。

消防泵也叫主消防泵，配置在船舶机舱的底部。据船舶的类型不同，船舶所配备的消防泵数量也不相同。对于客船，STCW 公约要求船舶至少应配备 3 台独立消防泵；对于货船，至少应配备 2 台独立的消防泵。船舶上的卫生泵、舱底泵或通用泵只要不用来驳油，均可作为消防泵。现代化的船舶，消防泵可以在驾驶台、消防控制站、机控室进行启动和关闭操作。

消防管系包括船舶的消防总管和消防支管。消防管系的直径应足够有效地分配从两台同时工作的消防泵所送来的消防水。消防管系设置了隔离阀，隔离阀用于当机舱失火时，将机舱消防管路从主消防管路中隔离出去。

消防栓的布置应保证至少能将两股水柱喷射至船上旅客和船员经常到达的任何部位，以及任何装货处所所在的任何部位。但是其中一股水柱必须有一根水带供水。消防栓的布置应使消防水带易于与消防栓连接。每个消防栓都应配备一根消防水带和一只水枪。消防栓应定期保养加油，保证阀门无泄漏。消防栓的布置如图 4-1-2 所示。

消防水带应由认可的材料制成。现代大型船舶通常配备的水带直径为 65 mm。消

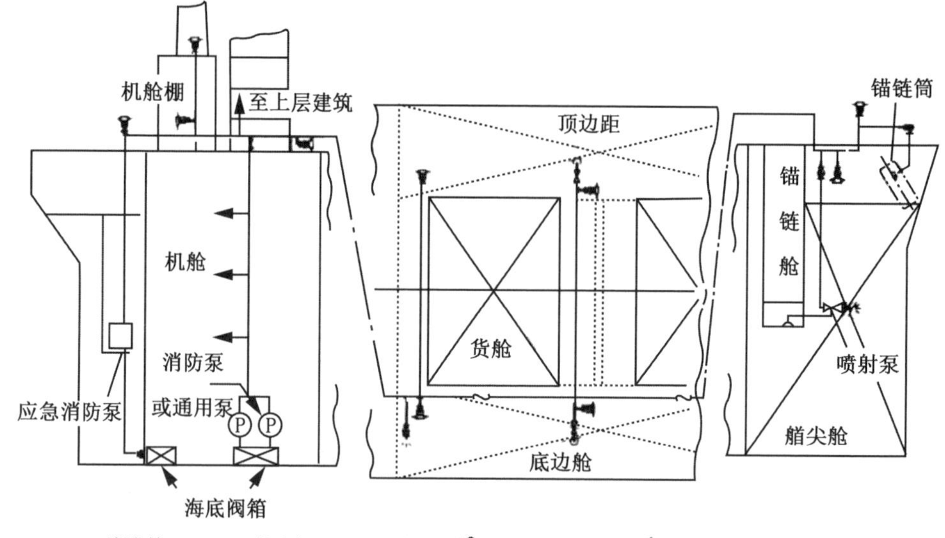


图 4-1-1　固定水灭火系统结构

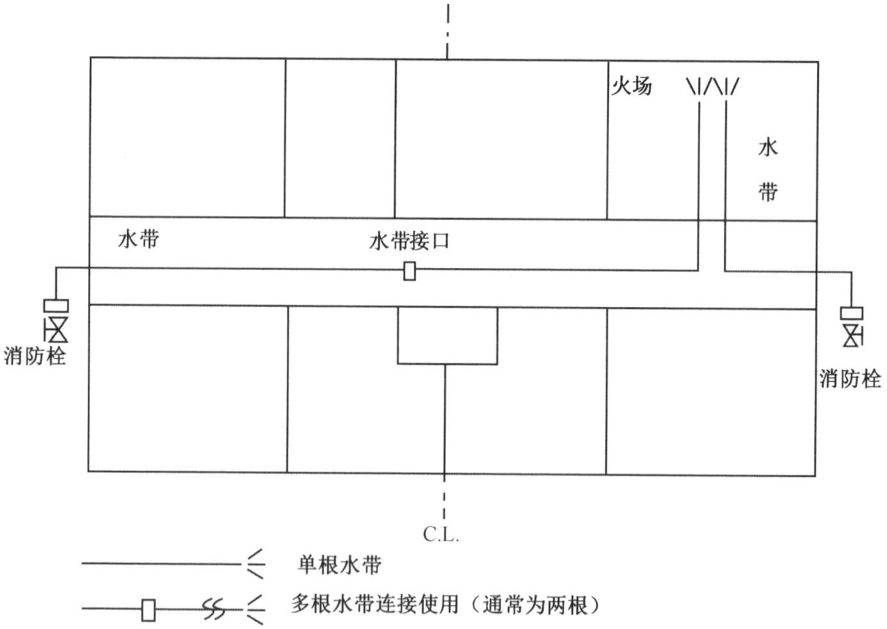

火场
水
带
水带
水带接口
消防栓
消防栓
C.L.
单根水带
多根水带连接使用（通常为两根）

图 4-1-2　消防栓的布置

防水带的长度至少为 10 m，但根据位置不同，消防水带的长度是变化的：

(1)对于配备于机器处所的水带，长度不超过 15 m；

(2)对于配备于其他处所和开敞甲板的水带，长度不超过 20 m；

(3)对于配备于最大型宽超过 30 m 船舶开敞甲板上的水带，长度不超过 25 m。

消防水带的连接方式可以分为三种:互锁式、插入式和管牙式,分别以中岛式、町野式和德式为代表。除此之外还有美式、英式、法式和挪威式等。

消防水带的常见连接方式如图 4-1-3 所示。

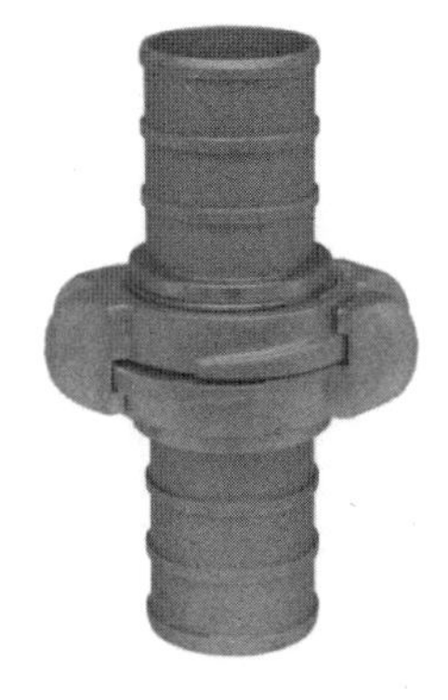

图 4-1-3　消防水带的常见连接方式

消防水枪是消防队员在灭火时使用的主要工具。消防水枪可以把消防水转化成不同的高速射流,并把这种射流喷射到火场的物体上,达到灭火、冷却或保护的目的。SOLAS 公约要求,船舶所配水枪应为直流、喷雾两用水枪。水枪既可喷射充实水流,又可喷射雾状水流,雾状水流可以吸收大量的辐射热,保护消防队员接近火源,提高灭火能力。雾状水流又可根据角度不同分为宽水雾和窄水雾两种。船舶水枪的使用如图 4-1-4 所示。

船上应至少配备有一套国际通岸接头,一般存放在消防站,存放地点有标识。国际通岸接头主要用于岸上或其他船舶向本船供应消防水。

国际通岸接头由标准法兰和与船上消防栓接口一致的接口组成。

国际通岸接头标准尺寸如表 4-1-1 所示。

表 4-1-1　国际通岸接头标准尺寸

| 名称 | 尺寸 |
| --- | --- |
| 外径 | 178 mm |
| 内径 | 64 mm |
| 螺栓圈直径 | 132 mm |
| 法兰槽口 | 直径为 19 mm 的孔 4 个,等距离分布在上述直径的螺栓圈上,开槽口至法兰盘的外缘 |
| 法兰厚度 | 至少为 14. 5 mm |
| 螺栓和螺母 | 4 副,每副的直径为 16 mm,长度为 50 mm |

国际通岸接头的标准法兰如图 4-1-5 所示。

不同接口的国际通岸接头如图 4-1-6 所示。

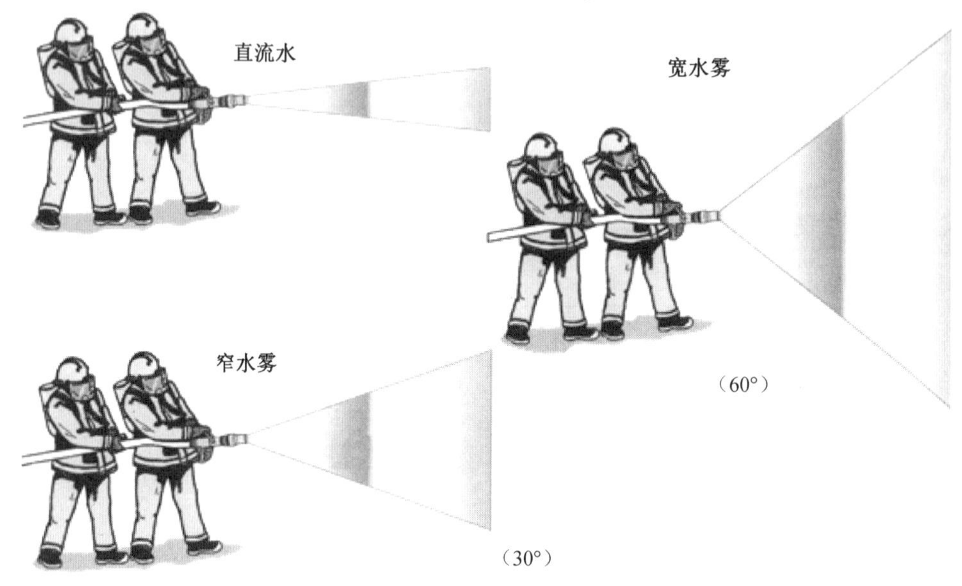


图 4-1-4 船舶水枪的使用

图 4-1-5 国际通岸接头的标准法兰

当主消防泵失去作用后，用应急消防泵给固定水灭火系统继续供水。应急消防泵一定要设置在机舱区域的外部。应急消防泵有两种驱动方式，即电驱动和柴油机驱动。配备有应急发电机的现代化大型船舶通常采用电驱动方式。

为了保证应急消防泵的可靠性，相关人员应能熟练启动应急消防泵，并应每月检查试验应急消防泵。

图 4-1-6 不同接口的国际通岸接头

## 第二节 船舶水带小组的组成和训练

水带小组是整个船舶消防组织中的重点。欧美等国家的职业标准中都推荐:对于直径 65 mm 的消防水带,理想的水带小组由四人组成。在《海上防火灭火与安全设备》(*Marine Fire Prevention,Firefighting and Fire Safety*)中也曾提及,美国海岸警卫队建议,水带小组由四人组成。但是上述组成只是建议,并非强制。如果船上人力资源有限,可以建立少于四人的水带小组。

### 一、船舶水带小组的组成

船舶消防水带有两种存放方式:转盘式和卷盘式。对于转盘式水带,首先打开水带箱门,将水枪与水带连接好,并引导水带向前铺设,直至水带全部拉出;之后将水带连接到消防栓上,供水。对于卷盘式水带,开启水带箱门,背起水枪,并拿好水带,一手卡住水带的两个接口,将水带抛开,并将水枪连接好。如果用两条水带供水,用同样的方式将另一条水带铺设好,并和第一条水带连接。在用水灭火时,应在消火栓打开之前把水带铺好,水枪接好。

使用不同直径水带的水带小组的人员组成情况如表 4-2-1 所示。

水带小组的人员分工以两条水带接合使用为例。为了能够叙述清楚,我们将这四个人分别定位为水枪操作员(1 号)、直接辅助人员(2 号)、协助人员(3 号)、辅助人员(4 号)。

表 4-2-1 使用不同直径水带的水带小组的人员组成情况

| 水带尺寸/in① | 消防水的流量/(USgal②/min) | 操作人员数量 |
|---|---|---|
| 13/4 | 150 | 2 |
| 2 | 240 | 3 |
| 3 | 300 | 4+ |

水带小组中,水枪操作员(1 号)是水带小组的关键人员,在现场指挥不能履行指挥责任时,水枪操作员负责指挥整个水带小组的行动。水枪操作员首先应熟悉船舶结构,能准确判断火势,并及时根据火势给出正确命令。在直接履行指挥职责时,水枪操作员必须认真观察火场的变化,并根据火场变化调整并控制水枪的喷射角度和水流形式,保证将水流喷到燃烧物体上。

直接辅助人员(2 号)应配合水枪操作员(1 号)操作水枪,在通常情况下,直接辅助人员(2 号)应承担 80%的水枪后坐力,并随着水枪操作员(1 号)的命令移动水带。

协助人员(3 号)需站在合适的位置,以保障水枪后面一段水带抬离甲板,并根据需要,保持水带前后左右运动。

辅助人员(4 号)在水带小组行动前后负责开关消防栓。中间行动时,在直接辅助人员(2 号)后,辅助水枪操作员(1 号)操作水枪和控制水带。

## 二、船舶水带小组的训练

通常船舶水带小组的四个人根据水枪操作员的位置,按照操作要求站在水带同侧相应位置上。水枪操作员和直接辅助人员之间的间距保持在 0.5 m。其他辅助人员的间距根据实际情况定,原则上保持水枪和其他辅助人员之间的水带不拖地或者尽可能少拖地。这样安排便于水带小组的快速移动。

至于水枪操作员站在水带的哪一侧,需要根据具体情况确定。对于扑救开敞甲板火灾时,没有明确标准。如果扑救室内火灾或生活区附近火灾时,水枪操作员的站位应保证能利用墙角、门或其他结构作为保护屏障。

水带小组每次前进的距离为半步,也就是水带小组每个人每次移动都是前脚向前移动半步,后脚跟上。后脚不能超越前脚。

水枪小组的常用指挥口令包括:前进、后退、向左、向右、蹲下、举高;除此外,还包括跪射、立射和肩射等。

消防队员应根据火场的实际情况和需要,随时进行水流的转换。水流形式包括:直流、窄水雾(水花)、宽水雾。

水带小组的训练如图 4-2-1 所示。

---

① 1 in = 0. 0245 m。

② 1 USgal = 3. 785 41 $dm^3$

图 4-2-1 水带小组的训练

## 第三节 扑救较大火灾油类火

本节是为了履行 STCW 公约 A-Ⅵ/1-2(KUP)表中第二项“扑灭火灾”的第三栏中第四项“正确使用喷水枪及散射喷枪扑灭较大火灾”、第九项“正确使用水雾喷头和散射喷枪、化学干粉或泡沫喷头扑救油火”的操作要求。

对于小型火灾,可以直接使用手提式灭火设备进行扑救,但是对于较大火灾(Extensive Fire),该如何扑救?较大火灾和较小火灾的区别在于火场的大小和火焰的高度,归根结底是火场辐射热的大小。

如何正确使用水雾和化学干粉或泡沫喷枪扑救油类火?水雾能否可以直接扑救油类火?水雾和干粉或泡沫,如何配合使用?

### 一、单纯水雾扑救

细密的雾状水滴喷射覆盖到油层上,能够吸收大量的热,一方面使油层降温,另一方面,在火源上方形成一层蒸汽,将火源和空气隔离开。水滴雾化得越好,灭火效果越明显。

对于闪点在 49~121 ℃的柴油和润滑油等,水滴的平均直径应为 0.4~0.8 mm;对于闪点小于 49 ℃的汽油等液体,水滴直径必须小于 0.3 mm。

另外,对于闪点在 30 ℃以下的可燃液体,水的温度接近或高于可燃液体的闪点。

对于此类液体,水雾主要起吸热蒸发,降温并生成大量水蒸气,降低油火上方的空气含氧量的作用。

对于小型油类火场,可以用一条水带进行扑救;对于大型油类火场,可以用两条水带实施扑救,其中一条水带灭火,另一条水带防护或协助扑救。

对于空间狭窄、难以到达的场所,可以使用水雾枪。利用水雾扑救油类火时需要注意:

(1)消防员保持沟通和配合,步调一致、行动迅速和准确;

(2)及时调整两用水枪的出水状态,发挥其应有的灭火作用;

(3)应避免用具有冲击力的水流冲击液面。

## 二、水雾和其他灭火剂配合使用

利用水雾配合其他灭火剂(泡沫、干粉)扑救油类火灾,并非将水雾和其他灭火剂(泡沫、干粉)都加到燃烧的油面上。水雾主要是起防护(将水雾作为移动屏障使用)作用。在宽水雾的防护下,将泡沫、干粉等灭火剂散布到油火面上。

1. 水雾加泡沫扑救油类火

(1)将 20 L 的泡沫背桶(也可用手提式灭火器或推车式泡沫灭火设备)装好泡沫,并将泡沫喷枪通过软管连在泡沫背桶上。

(2)出动两个消防水带小组。两个小组分别在两个消防栓上连接两根消防水龙带;一根水龙带连接两用水枪,另一根水龙带连接在泡沫喷枪上。

(3)启动消防泵或者应急消防泵,给固定水系统供水。两个消防水带小组的人员集合,并在合适的位置准备好。

(4)两个消防小组分别打开两个消防栓,给水带供水。

(5)水枪小组将水枪调成宽水雾状态,泡沫背桶(喷枪)小组做好随时喷射的准备。两个小组在现场指挥的指挥下,逐步接近火场。

(6)当接近到适当距离后,泡沫喷枪开始喷射泡沫。泡沫一定要形成连续稳定的泡沫层。

(7)当火灾被扑救后,两个小组同时撤离火场。撤离时,两个小组都需要面对火场,不许背对火场撤离,同时水枪小组继续喷射宽水雾。泡沫小组调整喷枪的喷射角度,保证泡沫源源不断地喷射到油面上。最后,撤离到安全距离上,并在确认火灾被扑灭后,拆除水带,清理设备。

注意:如果需要,可以使用两条水带和一个可携式泡沫灭火装置来扑救油类火。

2. 干粉加水雾扑救油类火

(1)组织好两个消防水带小组,并准备一个干粉灭火装置,干粉灭火装置可以是干粉灭火器,也可以是推车式干粉灭火设备。

(2)两个消防水带小组分别在两个消防栓上连接两根消防水带并连接两用水枪。

(3)启动消防泵,给固定水系统供水,同时两个消防小组的各位人员按照规定站好位置。

(4)两个消防水带小组分别打开两个消防栓,给水带供水。

(5)两个消防水带小组将水枪调成宽水雾状态,灭火器操作人员携带或推动干粉装置,在两个水枪中间,随水枪同时前进,并做好随时喷射的准备。两个小组在现场指挥的指挥下接近火场。

(6)当接近到适当距离后,干粉装置开始喷射干粉。

(7)当火灾被扑救后,两个小组和干粉操作人员同时撤离火场。撤离时,两个小组都需要面对火场,不许背对火场撤离;同时水枪小组继续喷射宽水雾。最后,撤离到安全距离上,并在确认火灾被扑灭后,拆除水带,清理设备。

## 第四节 消防队在室内扑救火灾

本节室内火灾的扑救技能是为了履行 STCW 公约 A-Ⅵ/1-2(KUP)表中第二项“扑灭火灾”的第三栏中第七项“正确佩戴自给式呼吸装置在充满烟雾的封闭处所灭火”和第八项“正确使用水雾或其他合适的灭火剂扑灭油火与浓烟的居住舱室或模拟机舱的火灾”的操作要求。

当住舱或机舱等处失火后,为了避免火灾蔓延,我们应将失火住舱或机舱的门、窗、通风设备以及通风管路进行关闭。但是在舱室内高温环境已经确立的情况下,虽然关闭了通风,但是可燃材料的热分解依然会在舱室内进行。如果扑救火灾的消防队员贸然进入,会面临很大危险。这些危险主要体现在进门时的回燃(如图 4-4-1 所示)。

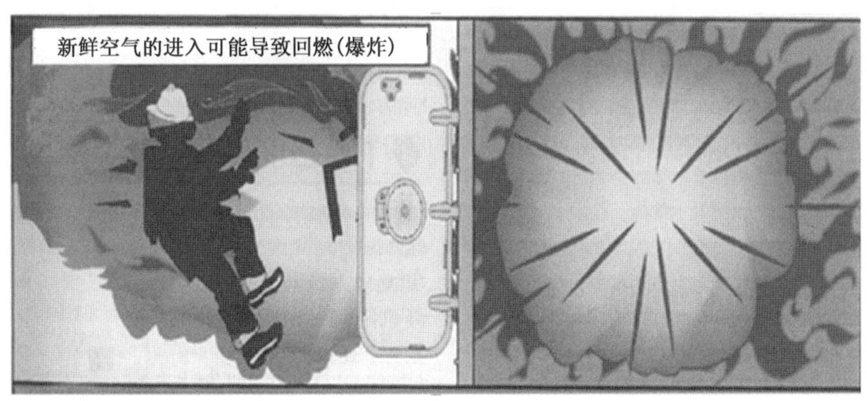


图 4-4-1 回燃

1. 回燃

回燃是由于失火舱室在开始燃烧时积累了大量热量形成了舱室内的高温环境。舱室内的氧气由于不能得到补充,不能支持燃烧。燃烧的剧烈程度虽然降低了,但是还能维持舱内高温。在高温下,舱室内的可燃物会形成热解反应,使得舱室内逐渐积聚大量的可燃气体。此时一旦打开门,新鲜空气会从门的下部补充进来。新鲜空气与舱室内的可燃气体混合形成爆炸性气体。当混合气体被余烬点燃后,就会形成大强度、快速的爆炸。爆炸在舱室内发生的同时,在门外也会形成巨大的火球,从而对舱室内外造成破坏。

为了避免回燃对准备进入的消防员造成伤害,需提前判断失火舱室内有无回燃的可能。对于消防人员来讲,最直接的判断依据就是舱室的门。

准备进舱灭火的人员需要观察这些回燃标志:①门是否变形。船舶上的门密封性很好,正常情况下,门缝隙不应该有烟雾冒出。但在火场中的高温影响下,门很容易变形。如果观察到门缝隙有烟雾冒出,则说明门后就是高温环境。②还有一个现象,可以帮助消防员判断门后面的温度是否已经很高,这就是门上油漆的变化。如果门上的油漆变色或起泡,则说明门后的温度很高。③最后一个判断门后的温度的方法,就是用手背去直接感觉门板和舱壁的温度。这是依靠消防员的直接感受判断门后的温度。进入前判断舱室内部的情况如图 4-4-2 所示。

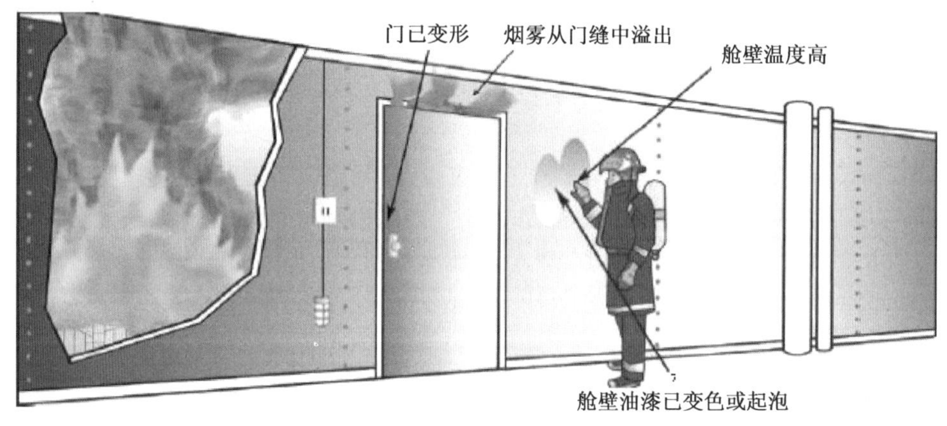


图 4-4-2　进入前判断舱室内部的情况

2. 打开舱室门的程序

如果经过上面的测试,判断门后温度不高,消防员可以准备进入。但是为了确保安全,还需要消防员采用安全的进门方法。船上的门通常包括水密门和防火门 ,上述两种门的开向不一致,所以开门的注意事项也不相同。

水密门通常为外开门。消防员开水密门前,应穿着好消防员装备,接近水密门后,先将门上的把手依次打开,打开顺序为先打开铰链侧把手,再打开对侧把手;打开把手时按照先上后下,最后中间的原则。当剩下最后一个把手时,将小臂紧贴在门上,两腿前后分开,身体倚靠在水密门上,另一只手轻轻打开把手,并慢慢打开水密门。

打开防火门的方法不同于打开水密门的方法。因为船舶防火门多为内开门,打开防火门时,先在防火门的把手上固定一根绳索,绳索由其他人员控制。开门人员轻轻打

开门把手,并慢慢开门。如果发现舱室有回燃危险,则控制绳索的人员要通过绳索快速关门。

3. 居住舱室或者机舱火灾扑救

无论是水密门还是防火门,在开门前,都应该布置好水带小组。通常布置两条水带。两条水带的操作人员均应保持蹲姿,并将水枪调成水雾状态,做好随时喷射的准备。

对于空间较小的舱室,可以用一根水带扑救灭火,另一根水带保护。扑救灭火的水带可以布置在铰链对侧,保护水带布置在铰链侧。开门后,扑救火灾的水带用水雾封住门缝,并随着门缝的增加向天花板喷射水雾。人员在水雾掩护下,低姿进入失火舱室,进行扑救。

对于空间大的舱室,可能需要两条水带同时进入灭火。此时,应该将扑救火灾的水带布置在铰链侧,防护水带布置在对侧。随着门缝的增加,防护水带封住门缝,扑救火灾的水带在防护水带的保护下进入失火舱室。之后,防护水带也进入火场对扑救水带小组人员进行保护或同时进行火灾扑救。

扑救火灾的水带通常有三种操作,分别为直接扑救技术、间接扑救技术和联合扑救技术。

直接扑救技术是扑救火灾水带小组进入失火区域后,将消防水直接喷射在火床上。间接扑救技术是将消防水流喷射到火床上方的舱壁和甲板上,同时实现降温和产生水蒸气的目的。这种技术适用于产生了大量过热气体,并形成了稳定烟雾层的火场。这种火场容易产生轰燃。联合扑救技术顾名思义是将直接扑救技术和间接扑救技术相结合,用一种既能将灭火剂直接喷射到火床,又能喷射到顶棚和高处舱壁的技术对火灾进行扑救。联合扑救技术要求消防员将水枪做“T-Z-O”式运动。联合扑救技术既可以降低燃烧物的温度,还可以增加蒸发量,降低燃烧区域的含氧量,同时通过消防水的冲击运动将原来的温度层破坏,达到延缓轰燃的时机,为火灾扑救创造条件。

火灾扑救技术如图 4-4-3 所示。

**图 4-4-3 火灾扑救技术**

# 第五章

# 固定二氧化碳系统

二氧化碳是一种传统且性价比高的灭火介质。早在1928年起,美国国家防火协会(NFPA)就开始制定二氧化碳系统的标准。现在固定二氧化碳系统已经成为多数船舶配备的灭火系统。

## 第一节 固定二氧化碳系统简介

二氧化碳是大气的一种天然成分。固定二氧化碳灭火系统可用于任何类型的船舶机舱及其他密闭空间。二氧化碳具有窒息作用,而且二氧化碳也具备一定的冷却效果,同时其还具有渗透效果,即二氧化碳灭火剂能渗透到舱室深处的火灾中,对舱室深处火灾起到控制作用。二氧化碳出色的灭火效果得到广泛认可。

固定二氧化碳灭火系统的缺点在于该系统须在保护区内人员撤空后才能释放,这段延误时间可能会对设备造成更多损害,而且二氧化碳灭火存在复燃风险。固定二氧化碳灭火系统需要独立的空间来存放气瓶。

使用大型固定二氧化碳系统扑救船舶火灾,应根据燃烧物的不同,释放不同数量的二氧化碳灭火剂。对于普通货物,释放二氧化碳的数量应保证其浓度达到失火舱室容积的30%以上;扑救油类火灾时,更需达到舱室容积的40%以上。如果释放二氧化碳时,舱室内有人员未撤离,未撤离人员会在二氧化碳浓度达到10%时,在几秒钟内死亡。因此在释放二氧化碳气体时,必须完全确认该处所没有人员存在。为此,对任何经常有人员在内工作或出入的处所,应设有释放二氧化碳灭火剂的自动声响报警装置,该报警装置在二氧化碳灭火剂释放之前至少报警20 s①。

---

① 《船舶消防安全规则》第五章第2.1.3.2规定。

由于二氧化碳气体对人体有害,因此起居处所严禁使用二氧化碳灭火剂。二氧化碳在船上是以液态形式贮存于钢瓶中的,钢瓶集中存放在二氧化碳气瓶站室内。

现代船舶上的固定二氧化碳灭火系统有两种类型:高压二氧化碳系统和低压二氧化碳系统。

## 一、船舶高压二氧化碳系统

现代船舶上的主流固定二氧化碳系统是高压二氧化碳灭火系统。船用高压二氧化碳灭火系统由二氧化碳钢瓶、气动/手动瓶头阀、遥控施放箱、时间延迟器、主释放阀、管路、附属仪表和喷头等组成。

目前,国际上通用的是 68 L/45 kg 二氧化碳钢瓶,钢瓶上装有气动/手动瓶头阀。顾名思义,气动/手动瓶头阀既可以实现压缩气体对二氧化碳钢瓶的远程开启,又可以实现在气瓶旁边手动开启。遥控释放箱是实现远程控制的单元设备,遥控释放箱包括两只驱动气瓶、控制阀和微动开关等。驱动气瓶内的压缩气体是开启二氧化碳气动瓶头阀和机舱二氧化碳主释放阀的气源。微动开关主要完成预报警、风油切断及其他的辅助功能。时间延时器的作用是保证主释放阀在二氧化碳钢瓶释放二氧化碳前打开,现在设备生产厂商一般建议延时时间为(30±5) s。主释放阀是机舱和货舱管路上的释放阀,其控制二氧化碳的流向是流向机舱还是流向货舱。管路是输送二氧化碳气体的。附属仪表安装在二氧化碳管路上,显示二氧化碳释放时的压力。喷头是二氧化碳的喷射装置,其可以规范二氧化碳的散布路径和面积,提高灭火效率。

## 二、船舶低压二氧化碳系统

随着大型船舶的出现,被保护舱容的增加,用于扑救上述舱室火灾的二氧化碳重量也成倍增加。为了减轻二氧化碳灭火设备的重量及简化设备与管线的操作,低压二氧化碳灭火系统随之应运而生。通常在二氧化碳需要量达到 10 t 以上时,才采用低压二氧化碳系统。二氧化碳需要量越大,低压二氧化碳系统的优越性也越显著。

船舶低压二氧化碳系统如图 5-1-1 所示。

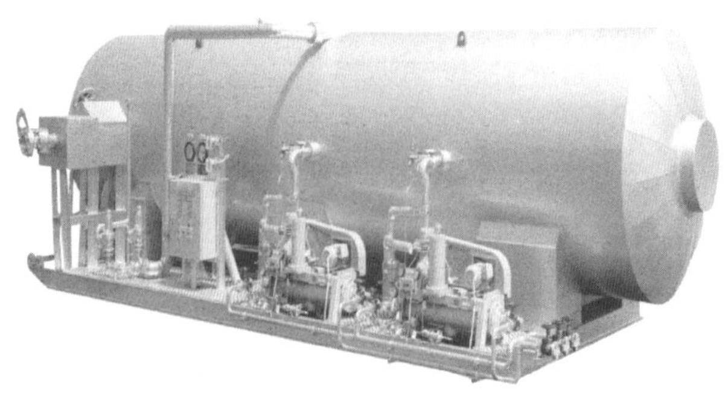

图 5-1-1　船舶低压二氧化碳系统

低压二氧化碳系统与高压二氧化碳系统相比,贮存方式不同。在低压二氧化碳系统中二氧化碳存贮容器为钢制一类压力容器。其能在2.0 MPa压力下承受-20 ℃的低温。低压二氧化碳系统应由至少两台制冷装置保持在所需的温度。每台制冷装置都能确保所需的储存条件。储存容器应包裹厚实的隔热材料,以保证其较低的热传导。

低压二氧化碳系统具有以下优点:

(1)相较于高压二氧化碳系统,低压二氧化碳系统设备总重量减少50%以上。

(2)低压二氧化碳系统的设备结构及管系简单。

(3)低压二氧化碳系统容器内压力稳定,低压下不易泄漏。

## 第二节 二氧化碳的释放程序

配备固定二氧化碳系统的船舶,船舶的货舱和机舱区域均处于固定二氧化碳系统的保护之下。但是,对于机舱和货舱,二氧化碳的释放操作过程是不一样的。

### 一、利用固定二氧化碳系统扑救机舱大型火灾

机舱失火,按照SOLAS公约,2 min内将所需二氧化碳的85%一次注入。满足这个要求的操作方式只能是遥控释放。遥控释放由操作人员在遥控释放箱处完成。

当机舱火灾发生时,操作人员首先打开遥控释放箱门,激活微动开关,对外发出二氧化碳释放报警信号,用于提醒在机舱内的人员,二氧化碳将要释放,应立即撤离机舱。在报警的同时,微动开关同时还向其他控制器发出信号,实现风机和油泵的停转,进而控制主、副机减速,甚至停车。此时,二氧化碳不会释放。

当固定操作人员确认机舱内人员已全部撤离机舱,并将机舱封闭后,打开驱动钢瓶,钢瓶内的气体会自动分为两路,分别打开保护机舱的所有二氧化碳钢瓶的气动释放阀和机舱二氧化碳管路上的主释放阀,在气体释放过程中,为了保证气动释放阀和主释放阀的协调,在二氧化碳气瓶阀的控制管路上安装了延时器。①

主释放阀开启,二氧化碳随即到达。二氧化碳通过主释放阀进入机舱,对机舱火灾进行扑救。

上述释放方式被称为全淹没方式。

当固定二氧化碳系统的遥控释放功能不能正常使用时,也可手动释放。手动释放时,可以先将机舱二氧化碳管路上的主释放阀用手轮打开。主释放阀打开后,机舱报警灯柱上的二氧化碳灯会亮,并且警报会响起。之后,将二氧化碳钢瓶上的释放阀逐一打开,二氧化碳进入机舱。

---

① 对于2012年7月1日以后的新造船,通过硬件连锁保证先开启总管上的释放阀,再开启瓶头阀,实现延时20 s;对于2012年7月1日以前的造船,一般通过张贴操作性说明和对船员培训来实现延时至少20 s。对于后者,现在已经禁止。

船舶高压二氧化碳系统原理图如图 5-2-1 所示。

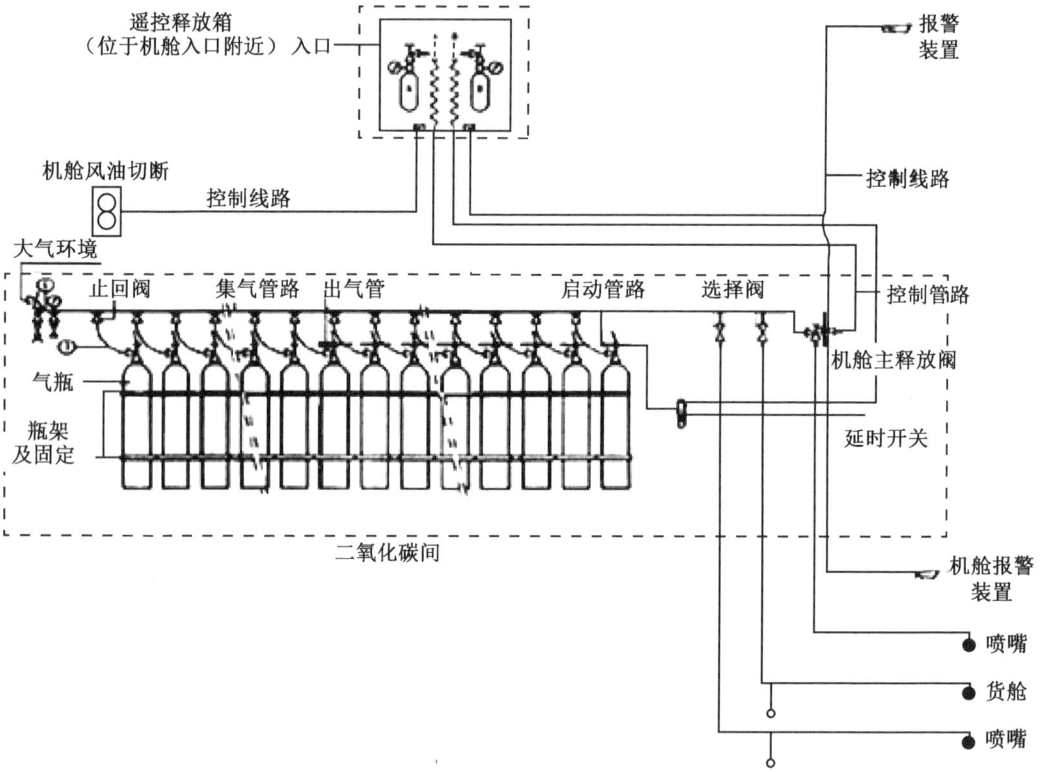
遥控释放箱
（位于机舱入口附近）入口
报警
装置
机舱风油切断
控制线路
控制线路
大气环境
止回阀
集气管路
出气管
启动管路
选择阀
控制管路
机舱主释放阀
气瓶
瓶架
及固定
延时开关
二氧化碳间
机舱报警
装置
喷嘴
货舱
喷嘴

图 5-2-1　船舶高压二氧化碳系统原理图

船舶高压二氧化碳系统管路上的主释放阀如图 5-2-2 所示。

阀门行程
开关信号线
高压二氧化碳
接口（开阀）

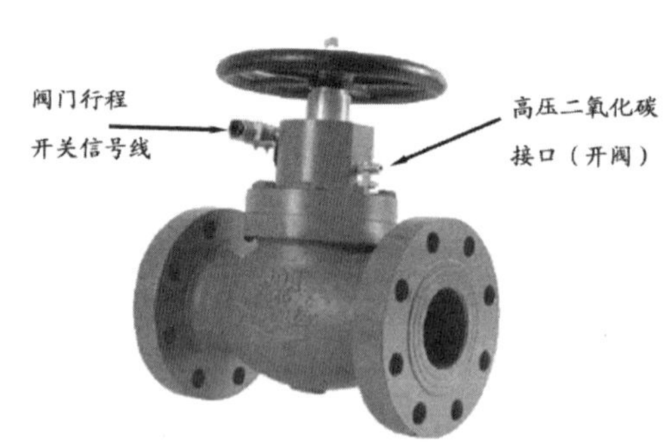

图 5-2-2　船舶高压二氧化碳系统管路上的主释放阀

## 二、固定二氧化碳系统扑救货舱火灾

一般情况下，在确认某货舱发生火灾，并确定用二氧化碳扑救后，打开二氧化碳货

舱控制箱上的门,门上的微动开关被激活,向全船报警。打开控制箱里的阀门,然后,再将和失火舱室相应的选择阀手柄转动 90°,将二氧化碳管路接通至货舱的抽风管路。最后,在确认货舱内无人并封闭的情况下,将所需二氧化碳手动放入。

对于货舱保护区域,由于释放操作时间比较充裕①,并且舱容会随着航次变化,所以货舱区域的二氧化通常是手动控制释放。

① FSS 规则第 5 章固定式气体灭火系统 2. 2. 1. 7 规定,对于集装箱和普通货物处所(主要拟载运多种独立系固或包装的货物,固定管系应可使至少三分之二的气体在 10 min 内被注入该处所。对于固体散货处所,固定管系应可使至少三分之二的气体在 20 min 内被注入该处所。系统控制装置应布置成根据货舱的装载状况允许释放气体总量的三分之一、三分之二或全部。

# 第六章 船舶泡沫系统

船舶泡沫系统包括甲板泡沫系统和高倍泡沫系统两种。通过本节的学习，了解船舶泡沫系统，掌握船舶甲板泡沫系统的布设方式以及安全穿越高倍泡沫的程序和方法。

## 第一节 船舶泡沫系统简介

甲板泡沫系统由泡沫液贮存罐、泡沫液泵、比例混合器、各个控制阀门、管路、隔离阀、泡沫枪（炮）等组成。

甲板泡沫系统的泡沫贮存罐、泡沫液泵、控制阀、比例混合器设置在泡沫间。泡沫间位于液货舱区域以外靠近起居处，以便在被保护区域失火时，人员能易于到达，并易于操作。

为了隔离总管的损坏部分，泡沫总管应装设隔离阀，这些阀应安装在紧接泡沫炮之前的管路上。

泡沫炮是形成泡沫并输送泡沫的设备。船舶泡沫系统如图 6-1-1 所示。

船舶泡沫系统分为压力定比型、线路定比型、预混合型和压力平衡型。远洋船舶多采用压力平衡型泡沫系统。压力平衡型泡沫系统是分别在消防泵和泡沫泵的驱动下，将泡沫原液和消防水通过比例混合器按设定比例进行初次混合后，在管路中形成充分混合的混合液，再从泡沫炮（枪）喷口高速喷出。混合液在高速喷出时再次吸入空气而形成泡沫气泡。

船舶甲板泡沫（低倍数泡沫）灭火系统的泡沫液储备量应满足相关要求，如表 6-1-1 所示。

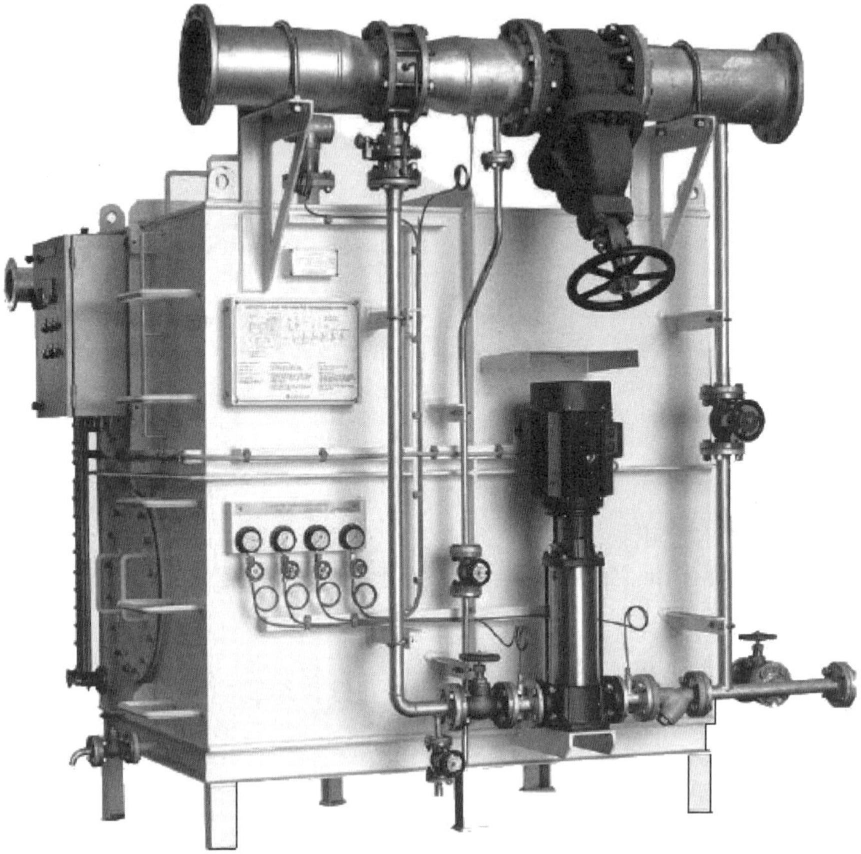

图 6-1-1　船舶泡沫系统

表 6-1-1　船舶甲板泡沫的储备量

| 油船 | 化学品船 |
|---|---|
| 泡沫供给量不得小于下列要求 | |
| 按货舱甲板面积每平方米每分钟产生泡沫 0.6 L 计算 | 按货舱甲板面积每平方米每分钟产生泡沫 2 L 计算 |
| 最大水平截面积的货油舱每平方米每分钟产生泡沫 6 L | 最大水平截面积的货油舱每平方米每分钟产生泡沫 20 L |
| 不小于 1 250 L/min | 不小于 1 250 L/min |
| 至少能产生泡沫 20 min | 至少能产生泡沫 30 min |

船舶泡沫系统的原理如图 6-1-2 所示。

对于大型空间的保护，高倍泡沫是一种优良的二氧化碳替代品。该系统可用于任何船舶上，特别是当保护区大于 3 000 $m^3$ 时其成本效益最优。高倍泡沫被广泛应用于保护油船的机舱和泵舱以及部分散货船的机舱。

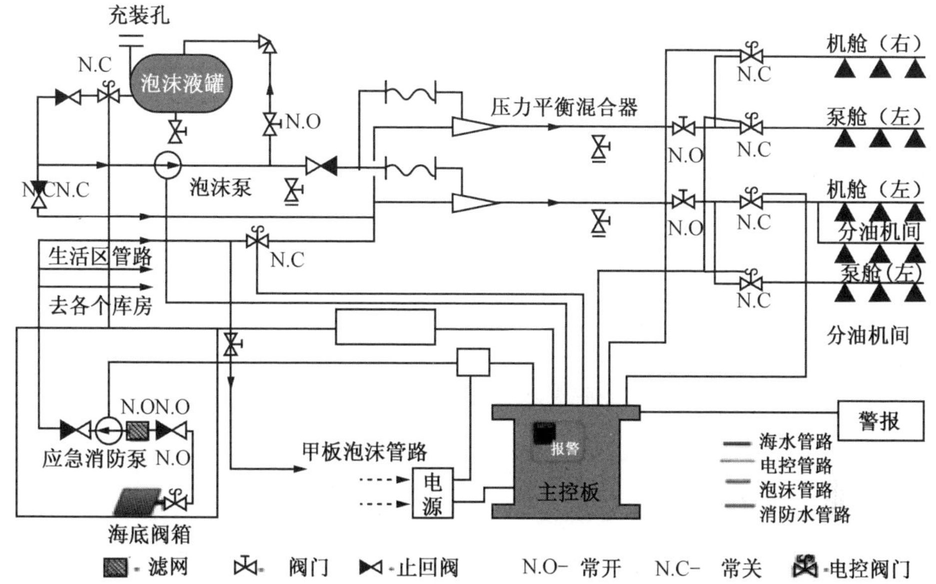


**图 6-1-2 船舶泡沫系统的原理**

高倍泡沫不会对人员或环境产生危害,也无须在系统释放前撤空保护区。迅速释放减少了对设备的潜在损害。

除灭火效果外,该泡沫还具有冷却效果,能降低复燃的风险。若火势复燃,该系统还能重启,因为泡沫足够填充保护区 5 次。

高倍泡沫系统的缺点在于泡沫可能会渗入敏感电子设备等的机柜,造成设备损害。

高倍泡沫系统一般用于油船的机舱、泵舱等处所。高倍泡沫系统是由一个泡沫发生器将 4~7 $kg/cm^2$ 压力的水源接入后,经混合器因缩口造成负压吸入泡沫液或者由泡沫泵输送,高倍泡沫由高倍泡沫发生器产生。该泡沫发生器由风扇、发泡网和喷嘴等组成。当泡沫发生器工作时,能将泡沫液与水的混合液经喷嘴喷成锥形水雾,均匀地喷洒在特制的网或金属孔板(泡沫形成网)上。同时,大量空气在风机吹送下以一定速度流向泡沫形成网,使泡沫形成网上的泡沫液和水的混合液,被吹成直径 3~5 mm 的泡沫,并在风的作用下使泡沫涌向火场。高倍泡沫直径大于 10 mm,壁厚 0. 1 mm,泡沫膨胀率应不超过 1 000 : 1。

当固定式高倍泡沫灭火系统被用于扑救舱室火灾时,应在适当(舱室高处)位置预留通风孔道,以保证高倍数泡沫注入舱室时排挤出的大量蒸气逸出。预留的通风孔(蒸气逸放)处人员不宜滞留,以防被蒸气灼伤。

该系统一般布置在机舱、泵舱等处。该系统泡沫液的贮量必须足以产生 5 倍于被保护的最大处所容积的泡沫。泡沫产生速度应满足,当向最大一个保护处所注入高倍泡沫时,高倍泡沫应满足以 1 m/min 的速度形成泡沫覆盖层(中国船级社的要求)。

机舱在使用该系统灭火时应先示警,以便人员撤离。

## 第二节　船舶甲板泡沫系统的使用

船舶甲板泡沫系统适用于船舶甲板的油类火灾扑救。甲板泡沫通过泡沫炮和泡沫枪进行布设。油船甲板发生火灾爆炸后的场景如图 6-2-1 所示。

图 6-2-1　油船甲板发生火灾爆炸后的场景

### 一、泡沫炮的操作方式

泡沫炮根据配备的操作部件不同,可实现手动、电控或液控。手柄式泡沫炮依靠炮身内部转动机构来调节喷管水平和俯仰角度;手轮式泡沫炮依靠炮身内部的蜗轮、蜗杆和俯仰机构分别来调节炮管的水平和俯仰角度;电控式泡沫炮是利用电机操纵蜗轮蜗杆机构运动;液控式泡沫炮是利用液压马达和油缸为动力来实现炮管的俯仰和水平回转。

常见的泡沫炮的手动操作包括手柄式和手轮式。手动操作泡沫炮如图 6-2-2 所示。

手轮/电控泡沫炮如图 6-2-3 所示。

灭火时,通过手柄、手轮或电控、液控等控制元件,调节喷射方向和角度,让泡沫能够到达燃烧区。

### 二、泡沫炮手动操作的步骤

(1)使用泡沫炮,需首先启动消防泵或应急消防泵。

(2)操作人员握好泡沫炮操作手柄(手轮),慢慢开启泡沫炮入口阀门,注意压力表的压力。

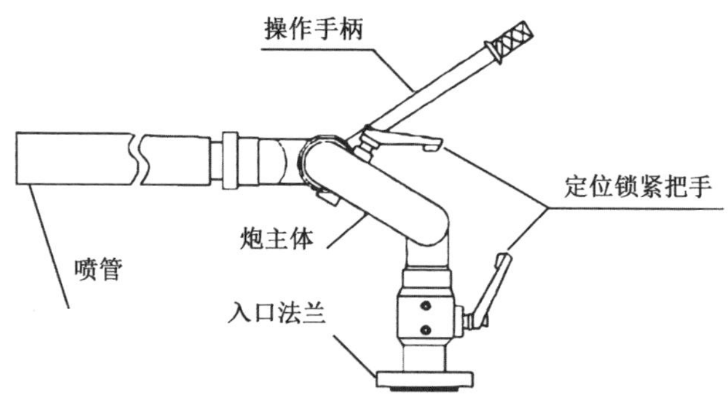


图 6-2-2　手动操作泡沫炮

图 6-2-3　手轮/电控泡沫炮

(3)松开定位锁紧把手，利用炮体手柄(手轮)调节炮筒的水平和俯仰角度，使泡沫充分覆盖在燃烧物上。

(4)当炮身调至适当位置时，可将定位锁紧把手锁紧，进行定向喷射。

(5)火灾扑救结束后，用清水冲洗整个系统管路。

(6)关闭消防泵组；倾斜炮管倒出腔内余液，将炮管置于最低位置，并用定位锁紧把手锁定。

## 三、泡沫的布放方式

第一种布放方式是反弹布放(Bounce off/Bank down)。泡沫灭火需要形成连续的稳定的泡沫层。所以布放泡沫的最好方式为反弹布放，就是利用泡沫炮或泡沫枪，将泡沫液喷射到火场附近的直立面上；泡沫液沿直立面自然流淌蔓延，覆盖燃烧物，达到灭火效果。

第二种布放方式是降落布放(Rain down/Snow Flake)。这种方式有点像下雨。将泡沫炮或泡沫枪的仰角调整至合适角度，使泡沫液降落至燃烧物的表面，并形成稳定连续的泡沫层,就是降落布放。

第三种布放方式是滚动布放(Roll on/Bank in)。这种方式是调整泡沫炮或泡沫枪的喷射角度,将泡沫液喷射至燃烧物前方的地面货甲板上;泡沫在冲击力的作用下,不断地向前推进,最后形成稳定连续的泡沫层,上述方式被称为滚动布放。

泡沫的三种布放方式如图 6-2-4 所示。

### 四、泡沫炮操作注意事项

使用操作泡沫炮的人员必须进行操作培训并熟悉相关操作过程。

炮的入口压力不得大于炮的最大工作压力;使用泡沫炮前,应疏散炮口前所有人员;手动操作泡沫炮时,不得脱把,以免发生危险;操作时应尽量顺风喷射,以增加射程。

注意,泡沫炮对大型火灾有效,但是若要彻底扑灭大型油火,还需泡沫喷枪的配合。泡沫喷枪可以对泡沫炮喷射死角的火灾进行扑救。

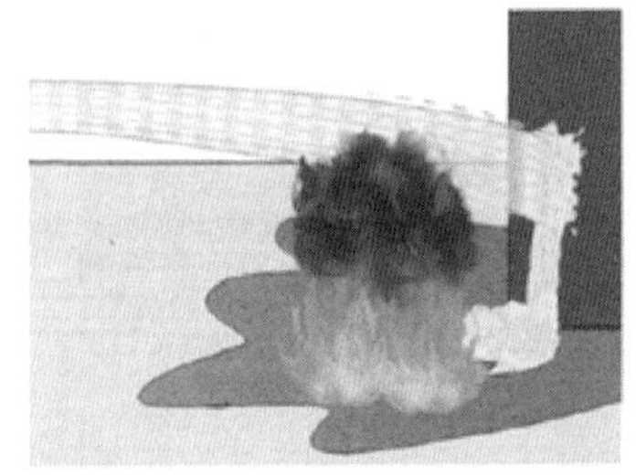

反弹布放

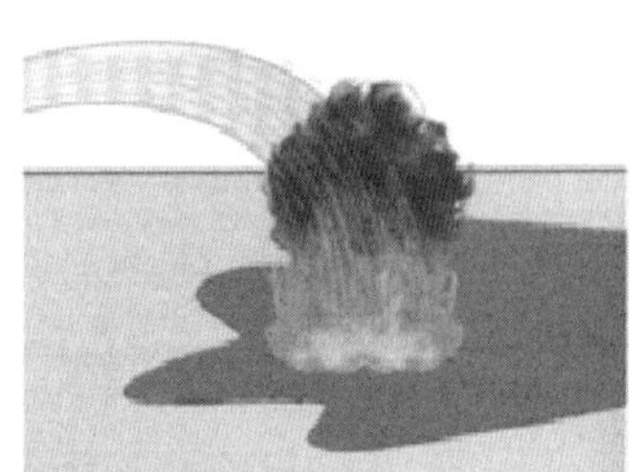

降落布放

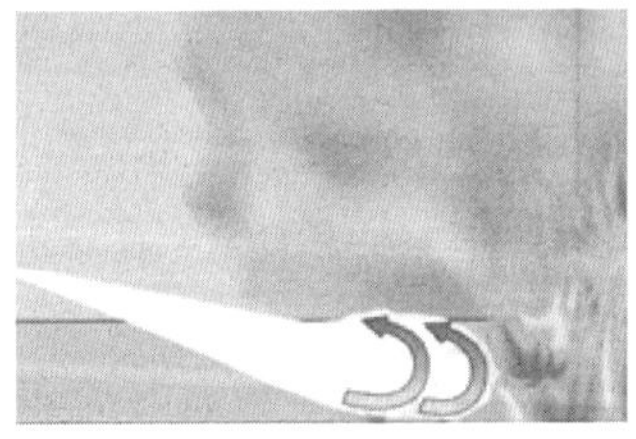

滚动布放

图 6-2-4 泡沫的三种布放方式

## 第三节 船舶高倍泡沫系统的使用

本节是为了履行 STCW 公约第 6 章中 A-Ⅵ/1-2(KUP)表中第二项"扑灭火灾"的第三栏中第六项"正确使用救生索,但不戴呼吸装置进入或通过已喷注了高膨胀泡沫的舱室"操作要求。

船舶上使用固定式高倍泡沫系统。该系统储备了能够产生充满被保护场所 5 倍体积的泡沫液。所以,系统启动后,保护舱室会很快充满泡沫。高倍泡沫可以隔绝火焰,防止火势蔓延到邻近区域。

机舱在使用该系统灭火时可以边示警,边撤离人员,同时释放高倍泡沫。

## 一、高倍泡沫的特点

(1)发泡量大。其泡沫的气泡直径一般在 10 mm 以上。发泡倍数一般在 400~800 倍。

(2)易于输送。由于高倍泡沫密度小,所以高倍泡沫有很好的流动性。

(3)有良好的隔热作用。灭火时大量的泡沫不仅会把燃烧物与空气隔开来,而且也会将火床淹没在泡沫层以下。泡沫层可以将热量限制在下边,避免热量散失。高倍泡沫在淹没火场的情况下,也将火场中处于火焰威胁下的人员和设备遮蔽起来。

(4)泡沫本身无毒。因为泡沫中含有大量的空气,所以不会造成被淹人员的窒息。

(5)易于清除。高倍泡沫灭火后极易清除。人工清除时可用排风扇、开花水枪等方法直接消泡,当时间允许时也可采用自然消泡的方式开启门窗及通风孔。泡沫自行消除的速度约为 0.7 m/h 且消除后不留痕迹。

在船舶上,高倍泡沫通常被应用于机舱、泵舱或压缩机间。高倍泡沫中水的含量为 1~5 $kg/m^3$,比低倍数泡沫少得多。

## 二、穿越高倍泡沫舱室

使用高倍泡沫时,有时为了搜救需要,人员要穿越泡沫。穿越人员和指挥穿越的人员应明确两个问题:第一,穿越的危险有哪些?如何应对?第二,穿越过程中如何呼吸?

### 1. 穿越高倍泡沫的危险

穿越高倍泡沫的危险包括:

(1)穿越人员在进入高倍泡沫后,可能会因为照明不足和火场结构的变化,遇到因无法确定位置而迷失方向的危险。

(2)大量的高倍泡沫充满舱室,使得进入的人员淹没在泡沫中,这会造成进入人员的视觉受到影响,特别是在船舶失电、没有照明的情况下。即使应急照明设备正常工作,照明灯光也会受到泡沫层的遮挡。

(3)进入高倍泡沫层后,身边的高倍泡沫也会限制进入人员的听力,使得进入人员无法判断或者根本无法听到周边的声音,包括船舶疏散信号、警告以及求救信号的声音。

(4)随着大量高倍泡沫进入失火舱室,火灾的蔓延受到遏制。如果在泡沫进入前没有确定火灾位置,则此时更加无法确定。如果泡沫覆盖层随后被损害,可能会造成火灾复燃。

(5)机舱或泵舱的火灾虽被泡沫控制,但热量依然保持在泡沫层下,如果泡沫层破裂,燃烧物将继续和进入的新鲜空气重新发生氧化反应。此外,在高膨胀泡沫间的空隙,也可能充满易燃或爆炸性气体。

(6)在船舶机舱和泵舱,甲板表面会有油类的泄漏。泄漏的油再加上高倍泡沫中的少量水分,会使得高倍泡沫层下面的地板表面非常光滑。

现场指挥人员应了解上述危险,并对危险做出评估,以确定人员是否可以进入。如果经评估可以进入,则确定穿越战术,通常采用双人进出(Two in-Two out)战术。穿越的人员应熟悉舱室的结构,包括所有的进出口、连接通道、撤离路线、通信设备和设备(救生索)的使用等。

2. 穿越人员在高倍泡沫中的呼吸

高倍泡沫的密度很小,每立方米的高倍泡沫重 1.5~3.5 kg,大部分为空气,高倍泡沫中水的用量仅为低倍泡沫的 1/20。高倍泡沫中的空气可以支持进入或受困人员的呼吸。

穿越人员,包括在灭火区内未能及时撤离的人员,在泡沫群中,可利用口罩或毛巾过滤泡沫,进行呼吸,或者直接将手张开,护住鼻子和嘴,之后进行呼吸,并根据呼吸的感觉调整指缝间距,以便让泡沫在指缝处破裂,使其中的空气进入呼吸道,维持呼吸。

定向穿越(搜救)方法是一种比较科学、合理的技术方法。定向穿越(搜救)方法主要分为左手定向和右手定向穿越方法。定向穿越方法是在现场指挥员确定通过(搜索)入口以后,搜救队员进入高倍泡沫区域,沿着高倍泡沫舱室的左(右)舱壁行走(爬行),始终保持舱壁的位置在左手(右手)边,用舱壁作为搜救方向的参考点。采用上述方法直到穿越完成。

对于高倍泡沫舱室,需要说明的问题是,“使用救生索但不戴呼吸器进入或通过喷注了高倍泡沫的舱室”的训练要求,只适用于满足 MSC.98 (73)决议的船舶,这些船舶是用失火舱室外部的空气形成高倍泡沫的。对于之后的船舶,一定确认是外部气体成泡还是内部气体成泡。如果是内部气体成泡,则应在佩戴呼吸器的前提下,完成穿越。

# 第七章

# 干粉灭火系统和自动喷淋系统

## 第一节　干粉灭火系统

干粉灭火系统是以氮气为动力，向干粉罐内提供压力，推动干粉罐内的干粉灭火剂通过管路输送到干粉炮、干粉枪喷出，以达到扑救可燃气体和电气设备火灾的目的。船用干粉灭火系统的组成：氮气瓶组、减压阀、干粉罐、启动装置（船舶上一般为气动启动）、干粉炮/干粉枪、阀门和管系等。

氮气瓶组是整个干粉灭火系统的动力源。氮气数量由实际使用的干粉进行计算，计算标准为 1 kg 干粉需要 40 L 标准大气压下的氮气进行驱动。国产干粉灭火系统的氮气瓶一般为 70 L、充装压力 15 MPa。

减压阀能够将 25 MPa 的高压驱动气体减压为 0.5～3.5 MPa 并稳定输出到干粉罐；干粉罐是中压容器，由罐体、安全阀、人孔（装粉口）、进气口及出粉口等组成。

干粉炮是由耐压铜材和不锈钢制成的，根据要求电动干粉炮可在设计角度内进行仰俯和旋转操作。干粉炮用于扑救大型火灾。干粉灭火系统结构如图 7-1-1 所示。

干粉枪与卷盘连在一起，卷盘中的软管长度可达 33 m，干粉枪用于扑救残火和小型火灾。

干粉炮和干粉枪的使用：

（1）打开干粉炮的闷盖，并检查各个控制手柄是否处于关闭状态。

（2）调整炮身操作手柄，将炮口对准火源。

（3）观察压力表读数，在压力达到规定值时，打开手动出粉球阀，干粉便高速喷出。

（4）喷完粉后应立即关闭出粉球阀和干粉罐进气球阀。

（5）需要使用干粉枪时，取出干粉枪，快速拉出胶管，对准火源，当罐内压力达到规

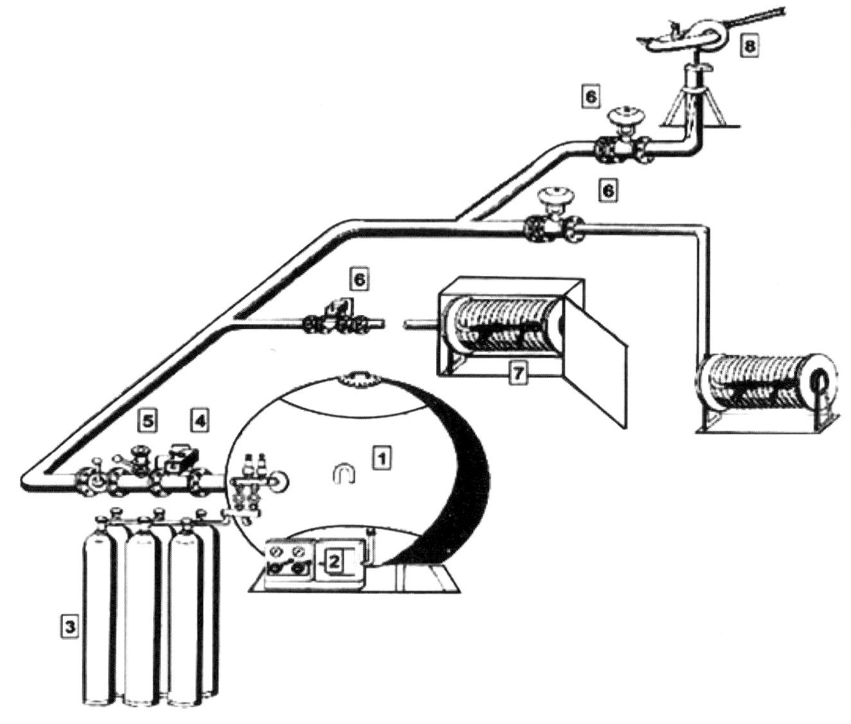


图 7-1-1 干粉灭火系统结构

1—干粉罐;2—控制箱;3—高压氮气瓶;4—干粉释放阀;5—测试接口;6—隔离阀;7—干粉枪(包括胶管);8—干粉炮

定值时,打开干粉枪的出粉球阀,扣动扳机,便可以灭火。灭火后关闭出粉球阀和进气球阀。

喷粉结束后,分别吹扫炮、枪和胶管内的余粉,然后关闭吹扫球阀,将炮、枪和胶管复位。

灭火结束,管路吹扫完毕后,所有的释放球阀处在关闭状态。打开干粉罐放余气球阀,将罐内余气排出,放完后将放余气球阀关闭。最后打开减压阀的放气阀和集散管的瓶头阀,排完气后关闭。干粉灭火系统的终端如图 7-1-2 所示。

船舶干粉炮的喷射如图 7-1-3 所示。

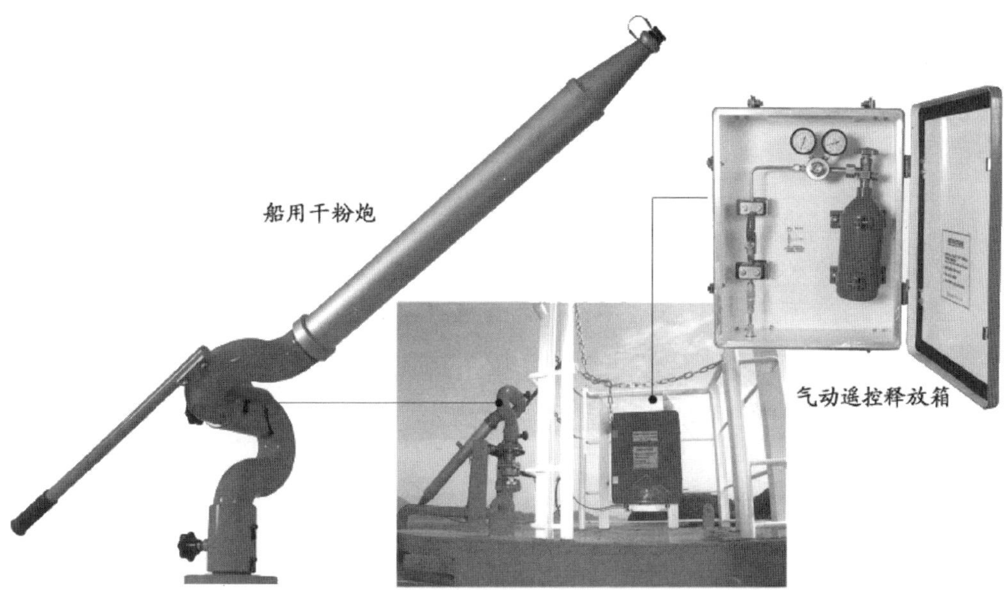


图 7-1-2 干粉灭火系统的终端

图 7-1-3 船舶干粉炮的喷射

## 第二节 自动喷淋系统

自动喷淋系统是客船普遍配备的固定消防系统。该系统的喷头在高温作用下自动喷水。喷头自动喷水的同时,系统能立即发出声光警报,并指示发生火灾的分区位置,从而能够及时召集船员进行救灾。货船上较少使用自动喷淋系统。

自动喷淋系统能延滞失火处所的火灾蔓延，为控制火灾创造条件。该系统的安装应符合设备对运行环境（温度）的要求。该系统具有自动报警功能（两套供电系统），并确保随时工作。

自动喷淋系统通常安装于客船上。在客船生活服务处所（被保护处所）的舱室顶部布置管路和喷水器，其中充满淡水（设定压力）。当被保护处所内发生火灾并达到某一设定温度时，喷水器便自动开启以相同的喷水量向四周进行喷水灭火。船舶自动喷淋系统如图 7-2-1 所示。

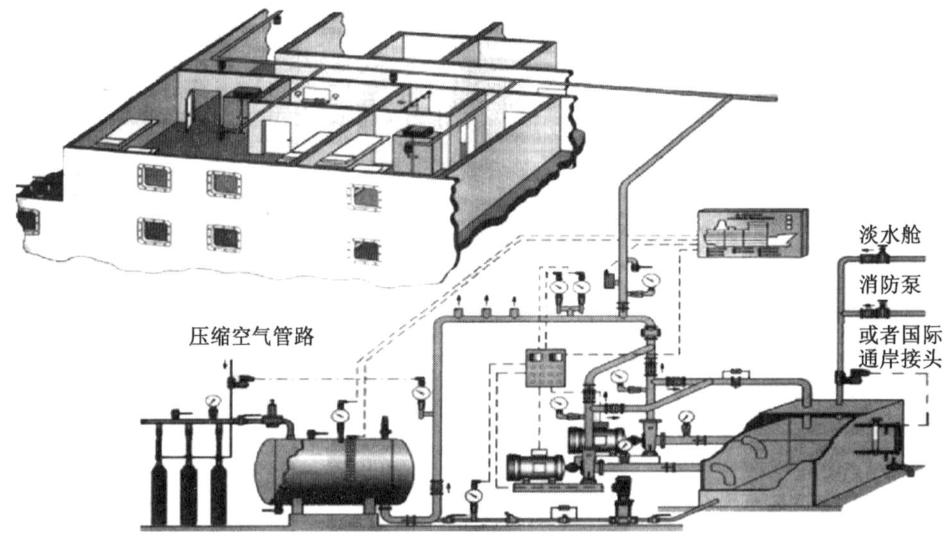


图 7-2-1　船舶自动喷淋系统

自动喷水灭火系统由喷水器水泵、压力水柜、监控装置、管路和喷水器等组成。

## 一、喷水器水泵

设置自动喷水系统的船舶应设有 1 台专供喷水器自动连续喷水的独立的动力泵。系统的供水泵应符合相应的流量要求，一般喷水器水泵的最小排量应足以在喷嘴所需的压力下覆盖面积 280 $m^2$ 以上。喷水泵应有 2 套动力源独立供电。当系统压力下降时，该泵应在压力柜内常备淡水排干之前自动启动，并应布置在被保护处所之外。

## 二、压力水柜

自动喷水灭火系统中设有 1 个充有淡水和压缩空气的压力柜。压力水柜的常备淡水量应等于喷水器水泵 1 min 的排量。整个压力水柜的容积至少等于常备淡水量的两倍。

## 三、监控装置

声光信号报警设施安装于客船驾驶室或消防控制站内,声光信号报警设施能显示出火灾区域。

## 四、喷水器

保护区域被分成若干分区,每个分区的喷水器不应多于 200 只。在起居处所和服务处所的喷水器动作温度为 68~79 ℃。喷水器能够提供其所保护的额定面积不少于 5 L/min · $m^2$ 的平均出水量。为了保证喷淋效果,喷水器的安装位置应无其他物件遮挡。自动喷水器和管路如图 7-2-2 所示。喷水器动作控制元件的颜色,表明该喷水器的喷水温度(见表 7-2-1)。表中黑框中的数据为我国船舶生活服务处所经常使用的喷水器动作温度。

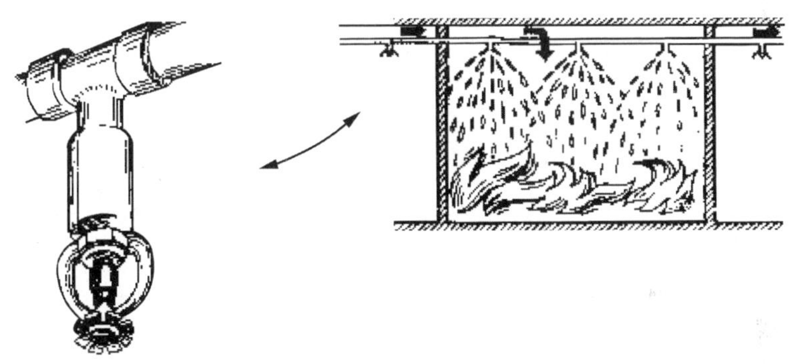

图 7-2-2 自动喷水器和管路

表 7-2-1 喷淋出水器的技术数据①

| 舱室顶部最高温度/ ℃ | 玻璃球喷水器 | | 易熔元件喷水器 | |
|---|---|---|---|---|
| | 动作温度/ ℃ | 工作液色标 | 动作温度/ ℃ | 轭臂色标 |
| 38 | 57/68 | 橙/红 | 57~77 | 本色 |
| 66 | 79/93 | 黄/绿 | 79~107 | 白 |
| 107 | 141 | 蓝 | 121~149 | 蓝 |
| 149 | — | 紫 | 163~191 | 红 |
| 191 | — | 黑 | 204~246 | 绿色 |
| 246 | — | 黑 | 260~302 | 橙色 |
| 329 | — | 黑 | 343 | 橙色 |

① 《自动喷水灭火系统标准》第 1 部分“洒水喷头”(GB 5135.1—2003)。

## 五、试验阀

每一喷水器分区应设有一只试验阀,用以放出相当于一只喷水器正常工作时的出水量。每一喷水器分区均可通过试验阀做人工泄放降压试验。当试验阀被打开后,系统中的水流出,系统中压力降低,此时自动声、光信号报警动作,消防泵能自动启动。

常用喷水器如图 7-2-3 所示。

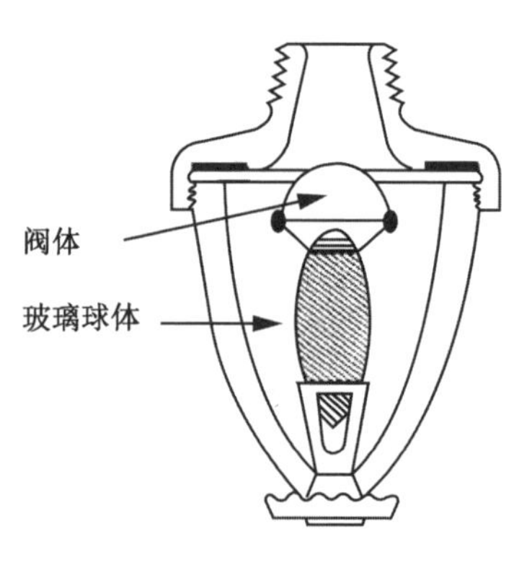


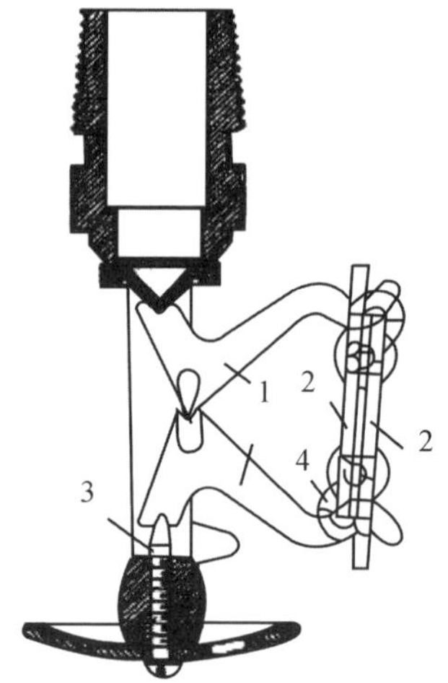


图 7-2-3　常用喷水器

1—易熔合金;2—支撑;3—调节螺丝;4—锁片

# 第八章

# 船舶自动火灾探测报警设备

每一条在航船都是有火灾隐患的，并且无法预测火灾隐患何时会转变成现实的危险。这就需要配备随时监测船舶的火灾隐患的设备。这个设备就是船舶探火与失火报警系统。船舶探火和失火报警系统的功用在于尽早发现初期火灾，并通过警报呼唤人员及时进行扑救，最大限度地减少火灾造成的损失。

按照 FSS 规则，火灾探测和报警系统分为两类：一类被称为固定式火灾探测报警系统；另一类被称为抽烟取样式火灾探测报警系统。

## 第一节　固定式火灾探测报警系统

固定式火灾探测报警系统一般安装在驾驶台内。其保护区域主要包括驾驶台，船员生活、服务处所以及机舱等区域。固定式火灾探测报警系统主要包括控制单元、探测器、手动报警按钮等，其他辅助设备包括电源单元、继电器箱、复示器等。

控制单元一般具有火灾报警功能、火灾报警控制功能、系统故障报警功能、自检功能等。固定式火灾探测报警系统通过和通用紧急报警系统、广播系统连接，可实现全船多手段报警。

探测器是火灾自动探测设备，安装于被保护处所。探测器按其敏感元件的反应原理一般分为感温、感烟、感光等。

### 一、感温探测器

感温式探测器分为定温型、差温型和差定温型三种。

定温型探测器探测因火灾引起的环境温度变化值。当环境温度变化值达到或超过设定温度时，发出报警信号。差温型探测器探测单位时间（通常为 1 min）内，因火灾引起的环境温度变化值(温升率)。当单位时间内,环境变化值达到或超过设定数值时,发出报警信号。差定温式探测器是将定温和差温式两种探测器结合在一起,兼具差温和定温两种功能。

现代船舶上应用较多的是差定温型探测器。《消防设备安全规则》规定,安装在起居服务处所的定温型感温探测器应在环境温度超过 78℃前报警,但超过 54℃之前不报警。通常船舶在生活服务处所安装的定温探测器的动作报警温度为 60℃。另外,船舶还可根据需安装定温型感温探测器的舱室的环境温度选择不同动作值的探测器。

安装在温升速度较大的处所内(例如干燥间和桑拿房)的差温型感温型探测器应在主管机关认为满意的范围内动作。

同时具备差温、定温两种功能的感温探测器被称为差定温探测器。当舱室温度缓慢变化时,探测器表现为定温探测器;当外界温度变化迅速时,探测器表现为差温探测器。

## 二、感烟式探测器

火灾具有各种不同特点,但火灾初期最明显的特点是没有明火,但是有烟雾生成。当物体燃烧时,会向空气中散射粒径为 0.1~10 μm 的固体和液体颗粒,这些在空中浮游的颗粒被称为烟雾。粒径不足 0.3 μm 的不散射光,肉眼看不到;粒径在 0.3 μm 以上的则使光散射,肉眼可以看到。在烟雾中,粒径在 0.1~2 μm 的粒子最多。感烟式探测器就是探测可见或不可见的由燃烧而产生的烟雾颗粒的装置。

感烟式探测器分为离子感烟式和光电感烟式两种。《消防安全设备规则》规定,安装于船舶梯道、走廊和起居处所脱险通道内的感烟式探测器,应在烟浓度超过 12.5%的每米减光率之前动作。但在烟密度超过 2%每米减光率之前不应动作。离子感烟式探测器应用放射性元素的电离作用,用于机器处所、配电板顶部、梯道走廊、生活公共处所。光电感烟式探测器应用光电管原理,当一定浓度的烟雾通过光电管时造成光的散射而引发警报。它适用于机器处所、配电板顶部、梯道走廊、生活公共处所、船员和乘客舱室。

## 三、感光式探测器

感光式探测器常用的是紫外线、红外线探测器,它们只感应频率较低的火光中的紫外线和红外线,而对阳光或灯光中的紫外线和红外线不反应。红外感光式探测器通过滤光器和透镜,将不需要的波长的光线滤去,使入射光照射光电管或光敏电阻上。红外线探测器对火焰闪烁的感应一般是在 1.5~10 μm 的红外线波长范围内。紫外感光探测器利用充有氢气和氦气的紫外光敏管探测火灾发生时的紫外光。紫外线探测器对火焰发出的 0.17~0.3 μm 波长的紫外线辐射敏感。感光探测区域覆盖在机舱主机、副机、锅炉、分油机、焚烧炉等处,用于明火的探测。

手动报警按钮既可作为单独的报警单元,又可作为固定式报警系统的组成部分。

在值班人员发现火灾而自动灭火系统仍未动作时,按动按钮使报警器动作向全船报警。手动报警按钮应装在有人出入的通道、走廊、公共处所、驾驶台、机舱内的通道出口。每一层甲板的走廊内,手动报警按钮应该是便于达到的,并且走廊内任何部位与其距离不能大于 20 m。具体安装时应尽可能靠近应急照明,距甲板的高度为 1.4 m。

电源单元包括 AC 220 V 的主电源和 DC 24 V 的备用电源。继电器箱用于转送全船报警。复示器用于显示火警和故障警报信息。

上面是传统型(分区型)固定式火灾探测报警系统的构成。随着航运技术的发展,船舶上已经发展出智能型火灾探测报警系统。智能型火灾探测报警系统的结构相较于传统的分区型系统结构更简单,而且其探测器已经发展成为多功能复合型探测器(包括烟温复合、一氧化碳/差、定温复合等)。这也使得智能型火灾探测报警系统功能更完善,更可靠。分区型(多线制)船舶火灾探测及报警系统如图 8-1-1 所示。

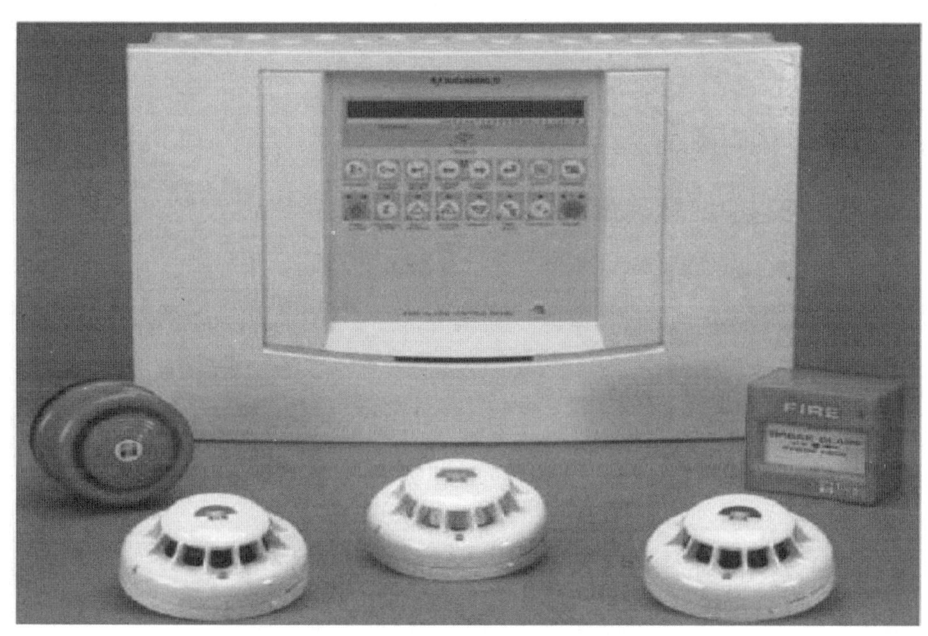


图 8-1-1 分区型(多线制)船舶火灾探测及报警系统

## 第二节 抽烟取样式火灾探测报警系统

在船舶航行途中,由于船舶的装货处所构成了一个独立的密闭舱室且较少有人员到达,所以多采用抽烟取样式火灾探测报警系统。抽烟取样式火灾探测报警系统由集烟器、抽风机与抽风管路、烟雾传感装置(也叫烟雾探测器)、火灾控制显示装置、报警设备组成。

## 一、集烟器

在每一个需要保护的舱室至少装一个集烟器。为了保障集烟器能够充分发挥功能,其安装的间距应该使得舱顶部区域的任何部位距集烟器的水平距离不超过 12 m。不在同一舱室的集烟器不能连接在同一个取样点上。连接在同一取样点上的集烟器不能超过 4 个。

## 二、抽风机与抽风管路

抽烟取样式火灾探测报警系统装有双套取样风机。抽风管路是连接货舱集烟器和烟雾探测装置的固定管路。抽风管路一端连接集烟器,另一端通过三通阀(选择阀)连接烟雾探测装置。集烟器在抽风机的作用下,将货舱的空气样品送到烟雾探测装置。

## 三、烟雾探测装置

烟雾探测装置对空气样品进行检测。烟雾探测装置在装置内的烟密度超过 6.65%每米减光率时,就会发出火灾信号。

## 四、火灾控制和显示装置

整个系统在控制器的控制下协调工作。控制器位于驾驶室或连续有人值班的中央控制站内。控制器能够将接收和处理完的信息直接显示在控制器的显示装置以及复示器上。

## 五、报警设备

控制器可以将烟雾探测装置发出的火警信号,转变成声光信号送到报警装置,实现报警。

抽烟取样式火灾探测报警系统(货舱)如图 8-2-1 所示。

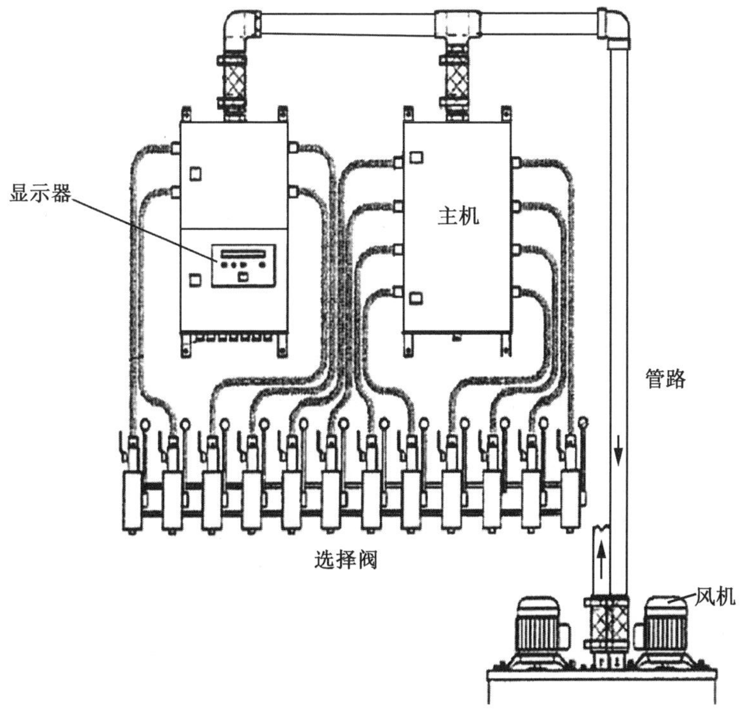


图 8-2-1　抽烟取样式火灾探测报警系统(货舱)

# 第九章

# 船舶防火

## 第一节 船舶火灾原因及预防

本节从三要素入手，阐述船舶火灾的原因以及防止火灾发生的各项规章制度。目的是通过对制度的学习和掌握，船员能主动规范自己的行为，为以后上船工作奠定基础。

### 一、船舶防火的一般原则

船舶发生火灾的原因是多方面的，主要就是对三要素（可燃物、助燃物和火源）的管理和控制不严造成的。所以，预防火灾可以从三要素入手，实现对三要素的有效管理和控制。

1. 控制可燃物

船上可燃物种类多，且易燃易爆。因此有效控制可燃物对船舶防火至关重要。控制可燃物，包括以下几方面：

（1）有效控制燃油、滑油；在船舶建造时必须遵守有关公约及建造规范的规定，对船舶的燃油系统采用合理的结构；选用高闪点的燃油、滑油。

（2）装货处所的防火控制要做到专人负责，对易燃易爆的危险品运输严格按国际公约和国内法规进行分类管理。

（3）船用材料尽可能选用阻燃性材料，并采用防火隔热层。

2. 控制通风

在船舶火灾中，空气可以起到助燃作用。当发生火灾后，要想方设法迅速切断通向火灾现场的所有通风道和通风设备。通风设备要按国际公约和国内法规的要求，装有可靠的、能迅速关闭的速闭装置。

3. 热源(火源)控制

船上的热源(火源)较多,且温度较高。机舱的热表面要进行包扎,形成绝热层;高温高压容器及装置应装有安全阀,以免发生爆炸而引起火灾。

## 二、常见船舶火灾原因

1. 船舶上的热工作业

船舶自修或厂修时,通常使用气焊、气割、电焊等作业手段。在作业过程中,常伴有高温、火星、火焰,稍不留神,极易引起火灾。

(1)气焊、气割作业。气焊、气割都是用乙炔(可燃气体)与氧气混合后燃烧的火焰,将作业工件加热到熔点,再予以连接或割断。作业时,火焰温度高达 3 150 ℃,并伴有高温的熔渣到处飞溅。这些高温熔渣遇到易燃物后,极易引起火灾。

乙炔的化学性质极为活泼,当达到一定的温度和压力后,就会自行燃烧或爆炸。其爆炸极限很大,为 2.5%~81%。在爆炸极限内,接触明火,立即爆炸。高纯度的氧气接触油脂后,油脂可以被迅速氧化,引起燃烧或爆炸。

船上进行气焊、气割时必须遵守操作规程,并且注意乙炔、氧气瓶的管理。

(2)电焊是利用电弧所产生的高温来熔化金属,达到连接金属构件的目的。电焊的电弧温度可达 4 200 ℃以上,熔液的温度也达 2 000 ℃,飞溅的铁屑温度也很高,高温电弧也会产生辐射热。电焊机及线路发生故障后,产生的火花也会引起火灾。

船舶自修时如动用明火作业,一定执行热工作业许可制度。

2. 电气设备的火灾隐患

在船舶原来的电气线路中任意新增设备,使导线中的电流超过安全电流值,称为超负荷或过载。导线的发热量与电流的平方成正比。超负荷所产生的高温会烧坏绝缘层而引起火灾。

两根不同电压的导线相碰,称之为短路。短路时,电阻下降,电流增加,线路中的热量迅速增加。高温会使导线的绝缘层、相邻的可燃物燃烧。电线的绝缘老化,触点松动也是形成电气设备火灾的原因。

遵守操作规程,对用电设备和线路进行定期检查,不可任意私拉电线。

照明和电热设备使用不当,也会造成火灾隐患。船舶仓库照明通常使用 60 W 以下的白炽灯泡。100 W 的灯泡表面温度达 170~216 ℃,超过纸张、棉布等物质的燃点。其他的用电设备,如电熨斗、电炉等在用电时需要专人看管,周围不堆放可燃物,临时放置时,需要放在不燃底座上。

3. 摩擦和撞击

摩擦会产生热量。热量积聚会引起温度增高。如果温度超过了可燃物的燃点,就可以产生火灾。撞击会产生火花。如果火花的热量足够,就可以引燃可燃气体。

严格按照工作要求作业，避免不必要的摩擦和撞击；对于避免不了的摩擦，应加强检查，杜绝火灾隐患。

4. 物质自燃

煤炭、植物纤维、油脂、某些化学品等物质，在自身氧化的过程中会因热量积聚而引起燃烧。船上机舱中浸过油的棉纱，镁、铝等轻金属的加工碎屑等容易产生自燃。

根据船舶不同的自燃情况，应加强船舶安全管理，避免火灾。

5. 危险品

在运输过程中，危险品的包装或容器破损；积载不当；违章装卸；疏于管理。

6. 生活用火

(1)厨房炉灶。船舶炉灶有电、油、气三种。在三种灶具上用油锅加工食物时，油被加热超过燃点时，会形成火灾。油灶喷油嘴在工作不正常时，很容易产生油气，重新点火时则会爆炸。液化气灶的泄漏也会产生爆炸。

(2)吸烟。船舶对吸烟有严格的规定。比如，禁止在非吸烟处所吸烟，禁止乱扔未熄灭的烟头，禁止躺在床上吸烟等。如果违反这些规定，可能引起火灾。

### 三、船舶防火防爆规章制度

船舶防火防爆规章制度是船员履行防火责任的重要保证。需要船员在日常工作生活中严格遵守执行。具体须参考附录一。

## 第二节 防火巡逻制度①

防火巡逻制度是一项重要的船舶安全防火措施。按照要求，每艘船舶都应根据本船的具体情况建立船舶值班巡逻制度。

值班人员应定期按照值班巡逻路线图中规定的路线对各部位进行循环检查，并将检查的结果规范地记录在值班巡逻记录表内。称职的值班人员能够及早发现船上的火灾隐患或火情，并迅速采取相应的有效措施和行动，消除火灾隐患或控制火灾的蔓延。值班巡逻的作用非常重要，所以值班人员的责任重大。值班人员需要具有极强的责任感与能力。

### 一、消防巡逻路线

船舶值班巡逻制度的执行和落实需要全体值班人员的共同努力和高度负责。在船

① SOLAS 公约第 2 章防火、探火和灭火第 7 条探测和报警 1.3 消防巡逻应能作为一种有效方式探测和确定火灾位置以及向驾驶室和船上消防队发出警报。

上，无论是在航行期间还是在停泊期间，值班驾驶员和值班水手担负甲板部的值班巡逻任务，值班轮机员和值班机工担负轮机部的值班巡逻任务。甲板防火巡逻路线示意图如图 9-2-1 所示。

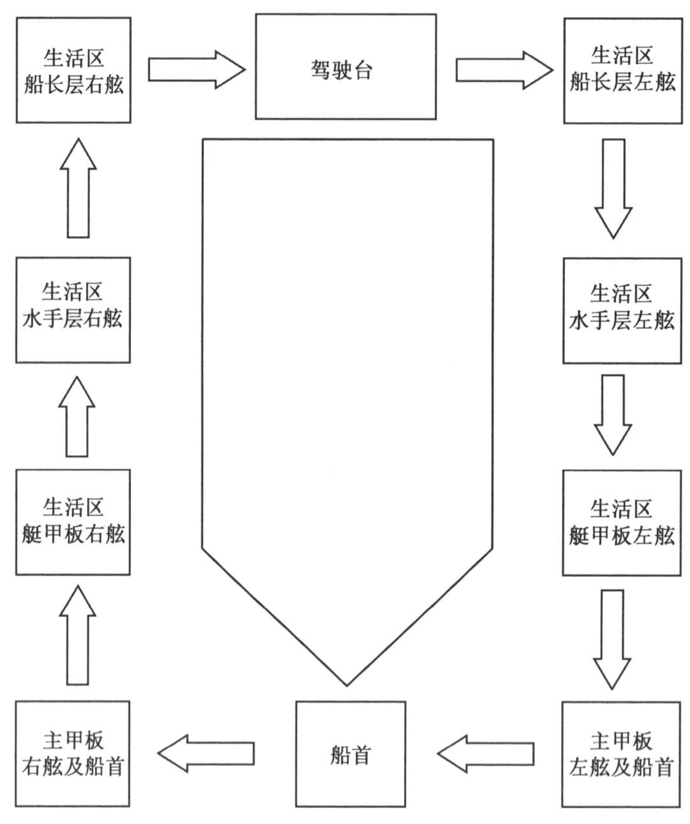


图 9-2-1　甲板防火巡逻路线示意图

值班人员在巡视的过程中，必须认真负责，细致检查；只要发现可疑情况，就应立即做进一步的检查，确定其是不是火灾隐患。当确认存在火灾隐患时，应立即将该情况逐级汇报给负责人，然后根据指令妥善处理火灾隐患。机舱防火巡逻路线示意图如图 9-2-2 所示。

## 二、值班人员的训练

一旦发现火灾，值班人员要立即进行火灾报警，并着手控制火灾的加强或蔓延。因此，每个值班人员都应该掌握判断火灾隐患的方法以及手动报警按钮，固定式火灾探测报警系统，船舶内部电话，可携式灭火设备及器材，消防栓、消防水带和水枪等设备的使用方法，并熟悉它们在船上的位置。

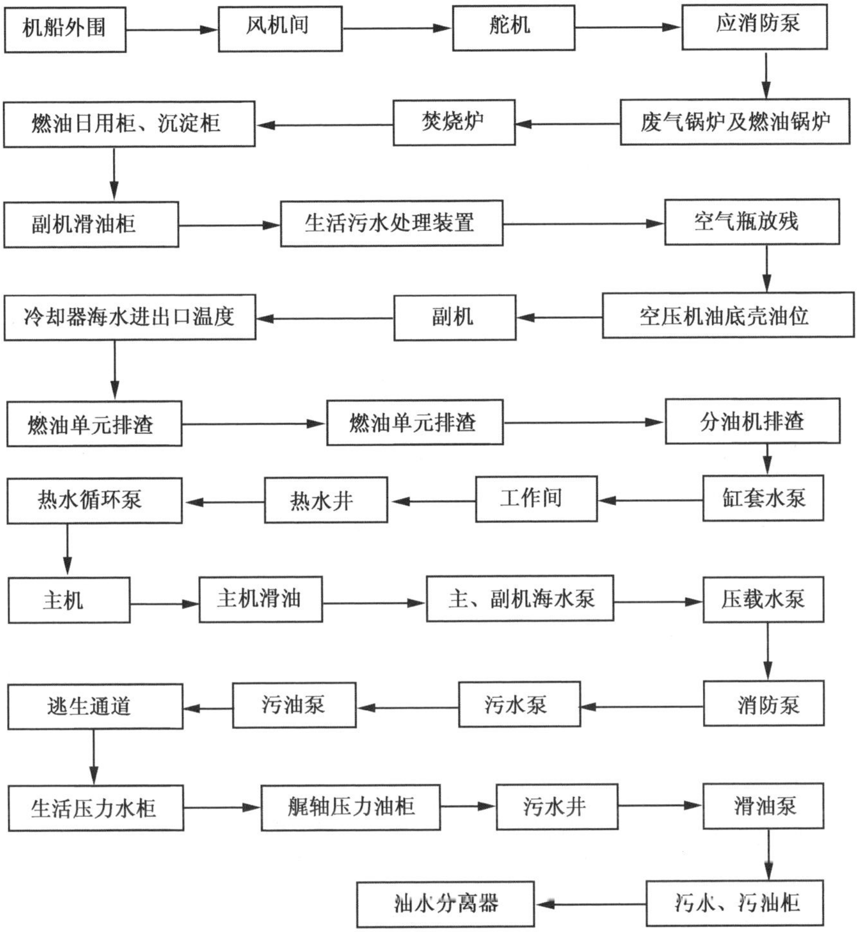

机船外围 → 风机间 → 舵机 → 应消防泵 → 废气锅炉及燃油锅炉 → 焚烧炉 → 燃油日用柜、沉淀柜 → 副机滑油柜 → 生活污水处理装置 → 空气瓶放残 → 空压机油底壳油位 → 副机 → 冷却器海水进出口温度 → 燃油单元排渣 → 燃油单元排渣 → 分油机排渣 → 缸套水泵 → 工作间 → 热水井 → 热水循环泵 → 主机 → 主机滑油 → 主、副机海水泵 → 压载水泵 → 消防泵 → 污水泵 → 污油泵 → 逃生通道 → 生活压力水柜 → 艉轴压力油柜 → 污水井 → 滑油泵 → 污水、污油柜 → 油水分离器

图 9-2-2　机舱防火巡逻路线示意图

# 第三节　修船防火

## 一、修船火灾的原因

营运中船舶需要经常修理维护。稍微大一点的船舶修理工程需要在船厂或航修站进行。修船期间，船舶发生火灾的概率大大增加。其主要原因包括下列几个方面：

(1)船上储存有大量的可燃物，并且在船舶进厂前未彻底清除。

(2)修船周期长，明火作业多，作业地点分散，导致船方和厂方在防火管理上存在盲区，可能个别人员在个别施工场所违章明火作业。

(3)船厂电焊、气焊设备不符合安全要求。

(4)修船厂防火巡逻人员责任心不强,时有脱岗;对于某些火灾隐患不能及时清除;离开作业现场时,未和船方交接,造成局部区域存在监管真空。

(5)在整个修船期间,参与修船的人员较多,有些修船人员的防火意识较差。

(6)修船过程中,多种作业同时进行,同一场地也有交叉作业。如果作业性质相反,易发生火灾。

## 二、船舶在进厂前应做好的工作

(1)油船(包括液化石油气、天然气船、散装危险化学品液货船)应当按照中华人民共和国船舶检验局制定的《船舶清除可燃气体检验规则》的要求,清除舱内油、气。

(2)非油船的燃油、滑油、污油舱(柜)以及与其相连通且无法拆卸的管系,如需动火作业,其要求与油船相同;如不需动火作业,且所装载油料闪点在 60 ℃及其以上的,可不清除存油,但船方应设置明显禁火标志。

(3)将要动火修理的输油管、驳油管以及油船泵舱管路彻底冲洗并手工拆去一节,以确保管内无油和空气畅通再动火。

(4)船舶上的易燃、易爆化学危险物品必须清除干净。

## 三、船舶在进厂后应做好的工作

(1)作业前,船方应当清除作业现场及其周围(包括上下左右管系、相邻舱室)的易燃可燃物;船方和厂方应将本次修理区域与非修理区域做有效隔离。

(2)在危险作业场所周围划定安全警戒区,设置禁火标志。警戒区内严禁使用明火和非防爆插座、开关、电气设备。

(3)修船中应当对船舶电气设备和施工用电严格管理。凡临时拉接线路要采用绝缘物架空,严禁拖、拽、挤、压。

(4)船上配置的消防器材和消防设施保证随时可用,任何人不得随意动用或挪作他用。

(5)修船期间,船方应当严格实行护船值班制度,保证有三分之一以上的船员留船(高空动火作业必须注意火星可能飞溅到的范围内有无易燃物品,并应派人看守)。

(6)在修理驾驶台及船员住舱等地方时,进行焊割工作前,应拆除动火部位可燃性衬板、隔热材料等,移走其他易燃物品。

(7)氧气瓶和乙炔瓶必须分开存放,不能混放。氧气瓶不能接触到油污,更不能接触高温和明火。

(8)当班作业完毕,施工和看火人员应当再次认真检查、清理现场,确认无火灾隐患后方可离开。

## 四、船厂修船时的火灾预防

船厂修船需特别注意明火作业的安全。

（1）明火作业人员应持有资格证书，并至少指定一名作业监督员负责监督与防护。作业前监督员必须认真进行安全检查。

（2）明火作业前应清理作业场地，移去易燃易爆物品，除去油类、油漆、棉纱，保证通风良好，确认作业区下方无电缆通过，附近无忌热仪器设备。油舱附近作业必须清除油脚和清洗油舱，彻底通风，经测爆，油气浓度必须在爆炸下限的1%以下时才允许作业。作业现场应备妥消防器材。

（3）检查焊接设备是否安全：确认电焊机完好，接地良好，调节正常，电缆线绝缘良好，接地可靠；焊具绝缘良好；电焊防护用品齐全并保持干燥绝缘，包括面罩、墨镜、防护服、隔热手套、绝缘鞋、敲铲锤等。检查确认气焊设备完好，包括氧气瓶、乙炔瓶内气体压力检查；安全截止阀、减压阀检查无泄漏；胶管无泄漏和老化；压力表指示正常；焊具开关良好，喷嘴符合要求；气焊防护用品齐全（墨镜、防护服、敲铲锤、焊药等）。

（4）架设氧气软管、乙炔气软管、电焊线时，要采取防挤、压、摩擦等措施。当班作业完毕，须切断电源和气源。

## 第四节　船舶主动防火措施

从预防火灾发生的角度出发，船舶建立有一套完善的防火措施（Fire Precaution），这些措施主要包括：控制可燃物，控制热源（火源）及控制通风等。但是船舶火灾有时防不胜防，为保证船舶一旦发生火灾事故后能有效地控制火势蔓延，SOLAS 公约要求利用防火结构（Fire Structure）防止火灾蔓延。

船舶防火结构指的是在船舶建造阶段在船体结构中使用不燃性材料进行区域性的防火隔断。防火隔断将船舶结构分隔为可以彼此阻挡火焰穿透和热量传递的独立空间，某处一旦发生火灾时，在初期阶段能够有效地阻止火势蔓延至相邻处所，留给人们一定时间去扑灭初始火灾。即使船上自救力量不够，一时难以扑灭火灾，也能将火势有效封闭在有限的空间内，使灾害缩小至最低程度。防火分隔根据所在处所的失火危险性的程度高低又分成了不同的等级。

### 一、船舶主竖区

主竖区系指船体、上层建筑和甲板室以“A 级分隔”分成的区段，基本上主竖区在任何一层甲板上的平均长度和宽度一般不超过 40 m。每个主竖区的面积大约为 1 600 $m^2$。客船主竖区示意图如图 9-4-1 所示。

客船中红色的竖线被称为 MVZ BHD，全称为 Main Vertical Zone Bulkhead（船舶主竖区舱壁）。主竖区从船头向船尾顺序编号。对于载客超过 36 人的客船，主竖区舱壁需为“A-60”级防火结构，即，一旦某主竖区内的消防设备失灵，火灾蔓延时，其可以保证不少于 60 min 的撤离时间；对于载客小于 36 人的客船，主竖区舱壁要求为“A”级。

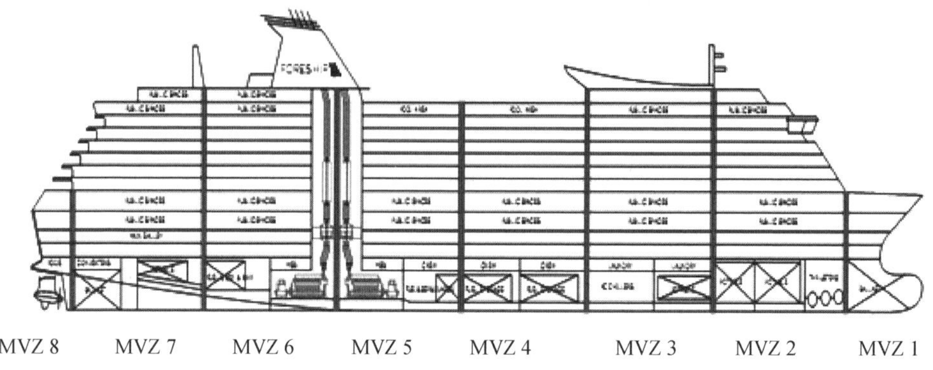


图 9-4-1 客船主竖区示意图

## 二、防火分隔

SOLAS 公约要求，根据木材的燃烧特点把耐火分隔分为 A 级、B 级、C 级三个等级：A 级分为“A-60”“A-30”“A-15”“A-0”级四个级别；B 级分为“B-15”“B-0”级两个级别；C 级只有一个级别。现在根据海上石油开采平台的燃烧特点，提出 H 级[1]和 J 级[2]耐火分隔，它们的隔热性能的规定比 A 级更加严格。

结构的耐热性是通过填充、敷设绝热材料和甲板敷料来实现的。绝热材料多以岩棉、陶瓷棉、玻璃棉以及矿棉制品为主。甲板敷料除了具备防火耐热功能外，同时可以兼作甲板表面涂料，有防滑、防腐蚀、美观等作用。

### 1. A 级防火分隔

A 级防火分隔是钢或等效材料和绝热材料的复合体。A 级耐火分隔总体要求为：

(1)需用钢或等效材料制成，有适当的防挠(变形)加强。

(2)其构造在经过 1 h 的标准耐火实验结束时，能防止烟和火焰的通过。

(3)认可的不燃材料制造，应能够保证在规定时间内，其背火一面的平均温升不超过 140 ℃，背面任何一点的温升不超过 180 ℃。

A 级防火分隔根据时间参数的不同可分为：“A-60”级、“A-30”级、“A-15”级、“A-0”级。

### 2. B 级防火分隔

B 级防火分隔是由符合下列要求的舱壁、甲板、天花板或衬板所组成的分隔：

(1)其构造在经过最初半小时的标准耐火实验结束后，能防止火焰的通过。

(2)由认可的不燃材料(可燃装饰板片除外)制造的 B 级防火分隔，其隔热值要求在规定时间内，其背火一面的平均温升不超过 140 ℃，背面任何一点的温升不超过

① H 级防火结构是按照碳氢火焰的试验得出的，试验最少时间为 120 min。

② J 级即 Jet Fire，是按照喷射火焰的试验得出的。J 级别一般有“J5”“J10”“J15”“J20”“J30”等。

225 ℃。

B 级防火分隔根据时间参数的不同可分为“B-15”级和“B-0”级。

3. C 级防火分隔

C 级防火分隔结构要求:

(1)以认可的不燃材料制成的分隔;

(2)不必满足防止烟和火焰通过以及限制温升的要求,允许使用可燃表面装饰板片,只要它们满足《国际耐火试验程序应用规则》(International Code for Application of Fire Test Procedures, FTP)要求。

因此在要求上,我们不难看出 A 级、B 级、C 级的分隔要求是逐级递减的。耐火分隔中,B 级分隔没有防止烟通过的要求,C 级分隔对烟和火焰的密性也没有要求。

H 级和 J 级耐火分隔主要应用于具有油气火灾危险的海上平台上。在此不再讨论。

## 三、拓展知识

不燃材料系指某种材料加热至约 750 ℃时,既不燃烧,也不发出足以造成自燃的易燃气体以及有毒气体的材料。不燃材料根据《国际耐火试验程序应用规则》确定。

标准耐火试验是指将需要试验的舱壁或甲板的试样置于试验炉内,加温到大致相当于标准时间-温度曲线的一种试验。试验应按照《国际耐火试验程序应用规则》规定的方法进行。

标准耐火试验的时间—温度曲线如图 9-4-2 所示。

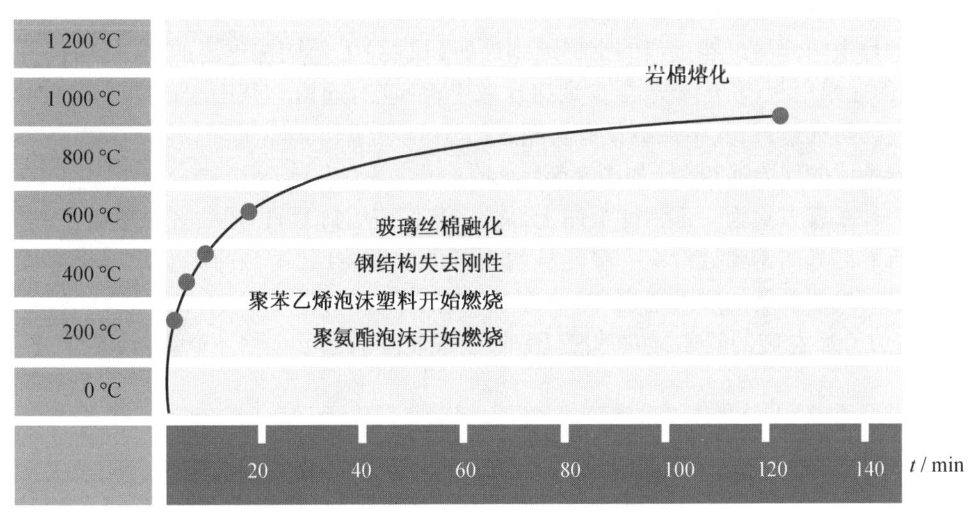


图 9-4-2 标准耐火试验的时间-温度曲线

时间 $t$ 为 0 min 时,平均炉温为 20 ℃;时间 $t$ 为 30 min 时,平均炉温为 844. 3 ℃;时

间 $t$ 为 60 min 时,平均炉温为 945.34 ℃。

## 第五节 脱险通道

脱险通道是指船舶发生火灾时,为让受困人员通过最短的距离抵达安全处所的通道。脱险通道的布置、数量及通道本身的保护应满足一定的要求。

### 一、一般要求

(1)所有生活区限制空间或空间群都应提供至少两个分开的和随时可用的从该限制空间或空间群撤离的脱险通道。

(2)电梯不应被视为脱险通道。

(3)如无线电台处所或类似处所没有直接通往开敞甲板的出口,则应有两个可供出入的脱险通道,其中之一可以为足够尺寸的窗。

(4)脱险通道有关标志在公约中的要求是"脱险通道应布置灯光或荧光条形显示标志"①,这些显示标志应设在甲板以上不超过 300 mm 的高度,遍布脱险通道各点,包括拐弯和岔路口处。

### 二、机器处所的脱险通道

客船每一机器处所以及货船(包括油船)的 A 类机器处所,均应设置两个脱险通道。通道的布置可以有两种方式:

一种是由两部尽可能远离的钢梯通到处所(机舱)上部同样远离的门,从该门到救生艇、筏的登乘甲板(货船要求至少到达开敞甲板)应有通道。其中一部梯子的通道应有钢质连续防火遮蔽,其下端应设有自闭式门。

机器处所的脱险通道(1)如图 9-5-1 所示。

另一种布置方式为一部钢梯引向上部的一扇门,从该门可以通往登乘甲板。此外,在该处所下部远离钢梯处设有一扇能从两面开关的钢质门,由该门到登乘甲板有安全脱险通道。机器处所的脱险通道(2)如图 9-5-2 所示。

小于 1 000 总吨的船舶,如布置有困难,上述脱险通道可免除一个。

---

① 这一规定是针对客船的要求,公约对货船脱险通道标志没有具体要求,但一般也按客船要求"300 mm 高度"的规定粘贴 IMO 逃生标志图贴。

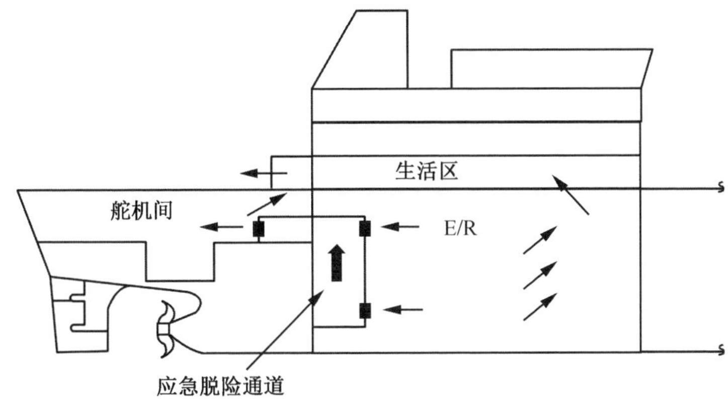


图 9-5-1 机器处所的脱险通道(1)

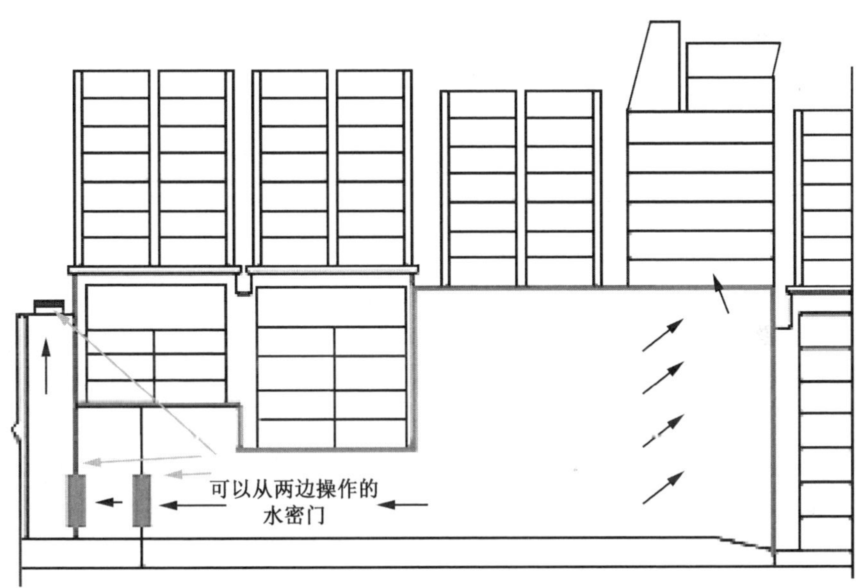


图 9-5-2 机器处所的脱险通道(2)

## 三、起居和服务处所的脱险通道

1. 客船起居和服务处所的脱险通道

每一主竖区(水密舱)或类似的限界处所或处所群,至少应有两条脱险通道;舱壁甲板以下的两条脱险通道中至少有一条不得利用水密门。在特殊情况下,如果所要求的处所的一条脱险通道未使用水密门,主管机关可以对只是偶尔进入的船员处所免除一条脱险通道,则剩下的唯一的一条脱险通道应能保证安全逃生。但是梯道的净宽不得小于 800 mm,且梯道两侧有扶手;在舱壁甲板以上处所的两个脱险通道,其中至少应有一个能到达垂直脱险通道的梯道。客船起居和服务处所的脱险通道如图 9-5-3

所示。

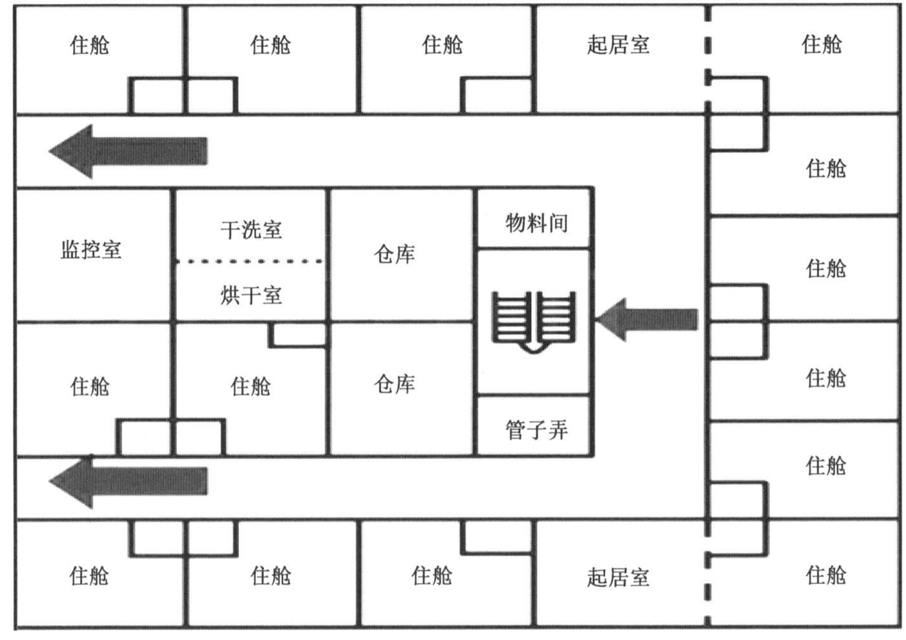


图 9-5-3　客船起居和服务处所的脱险通道

2. 货船(包括油船)的起居和服务处所的脱险通道

一切起居处所以及船员经常使用的处所,应有通往开敞甲板继而到达救生艇、筏的脱险通道。特别是应符合下列规定:在起居处所的各层,每一受限制的处所或处所群至少应有两条远离的脱险通道;最低的开敞甲板以下的主要脱险通道应是梯道,另一个可以是围壁通道或梯道。根据处所的部位、性质和使用人数经恰当考虑可例外地免除一条脱险通道。货船起居和服务处所的脱险通道如图 9-5-4 所示。

## 三、不同处所脱险通道的要求

海船脱险通道的具体要求应符合 FSS 规则的规定。原则上,船舶的梯道、走廊、门道构成了完整的脱险通道体系。

所有的梯道应为钢质框架结构。一般用作脱险通道的梯道和走廊的净宽度应不小于 700 mm,并在其一侧应装有扶手。净宽度在 1 800 mm 及以上的梯道和走廊应在其两侧装有扶手。

梯道的倾斜角一般为 45°,不大于 50°,在机器处所和小处所则不应大于 60°。

货船(包括油船),不允许设有长度超过 7 m 的端部封闭的走廊作为其脱险通道。

通向梯道的门厅宽度与梯道相同,即梯道尺寸决定门道尺寸。脱险通道上的门一般应向逃生的方向开启。机器处所中应注意应急逃生通道的环围尺寸为 800 mm×800 mm,而该尺寸指的是内部尺寸。

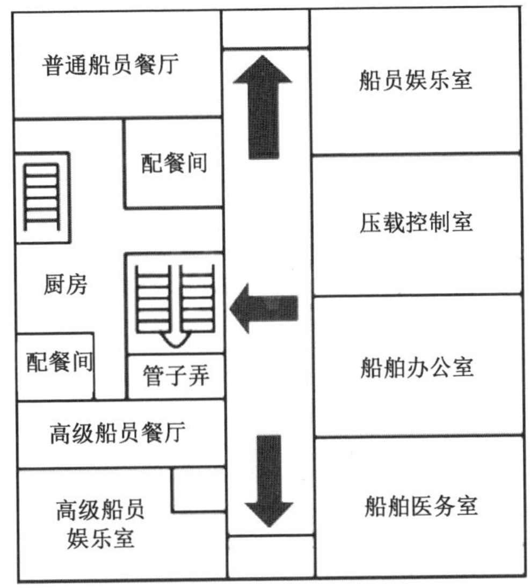


图 9-5-4　货船起居和服务处所的脱险通道

## 四、脱险通道的撤离方向

海船的脱险通道的逃生方向可使船上人员能够安全、迅速地撤向救生艇和救生筏登乘甲板。

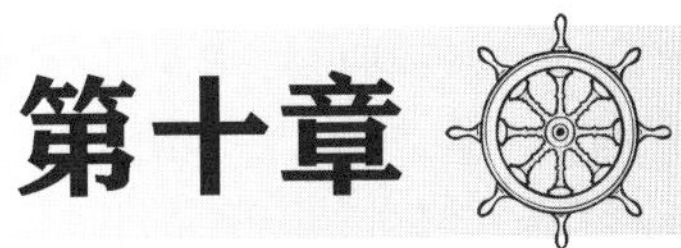

# 第十章 船舶消防演习

## 第一节 船舶消防组织

船舶消防应急组织是在船舶组织基础上，按照船舶消防应急行动的要求，将人员进行重新组合并结合船舶消防设备而形成的消防应变队伍。

船舶消防应急组织不是固定的形式。根据船舶种类和定员的不同，可以形成多种不同的消防组织形式。但是按照普通船舶（定员在20人左右的远洋船舶）火灾的应急经验，船舶消防组织一般由5个部分组成，分别为指挥控制组、现场应急组、技术组、支持急救组和机舱组。典型的船舶消防组织结构如图10-1-1所示。

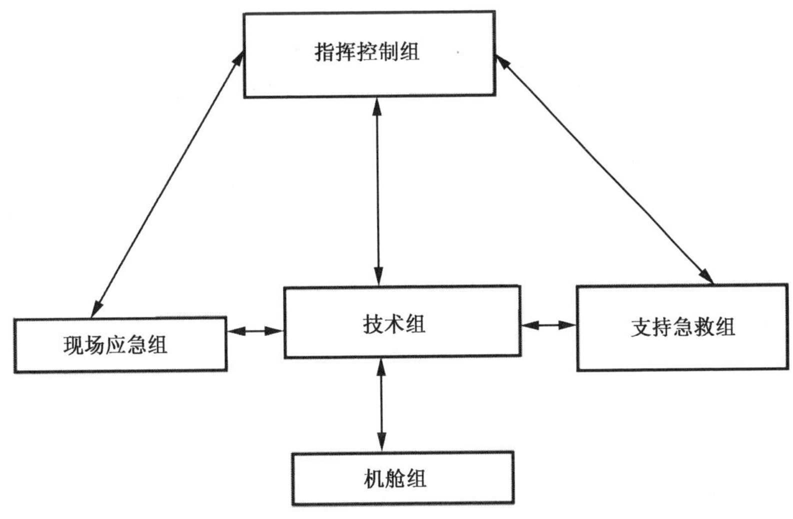


图10-1-1 典型的船舶消防组织结构

为了保障船舶火灾应急行动的高效实施，应对每个应急组的职责进行规范（其实从各个组的名字就可以大概猜测出各个组的应变职责）。各个消防应急组的职责可以规范如下。

1. 指挥控制组

指挥控制组相当于“指挥机关”，主要担负对整个应急行动的指挥，其最终目标是确保人、船、货物及环境安全。消防应急过程中，指挥控制组应迅速收集其他几个消防应急组的信息，并根据上述信息，对整个紧急形势和发展趋势做出预判，并确定正确的战略和战术目标；在确定的战略和战术目标指导下，下达命令。指挥控制组在收到各种信息时，需要实事求是地进行记录。如果船舶在航行期间，指挥控制组还需根据船舶所处的海域情况，适当采取各种操纵措施，保障船舶航行方面的安全。

2. 现场应急组

现场应急组主要负责消防现场的灭火工作，实现指挥控制组的战略和战术意图。如果需要执行直接进攻的战术，需要指挥消防水带组、可携式灭火设备组进入火场展开扑救。现场应急组的工作是消防行动中的重点，责任重、危险大，需要娴熟的技术支撑。

3. 技术组

技术组需要给整个消防应急行动提供技术上的支持和保障，并利用技术组中有关人员的技术保障消防现场油、水、电等的供应。技术组需要完成的技术操作，包括但不限于：关闭速闭阀；停止失火处所的电力供应；根据命令停止或适当保持失火处所的通风；做好大型固定消防系统的释放准备，并在需要时及时准确地释放；对货场相邻舱室的火灾蔓延途径有效监控。

4. 支持急救组

支持急救组的工作应该包括两个方面：在没有人员伤亡的情况下，根据需要对现场应急组、技术隔离组进行支援；如果出现人员伤亡的情况，需要对伤亡人员进行处置，特别是对受伤人员进行现场救护。支持工作包括但不限于：随时准备替换已进入现场灭火的人员；做好自给式呼吸器（Self Contained Breathing Apparatus，SCBA）等灭火设备的供应；保证火场周边的舱壁得到冷却；检查并隔离周边舱室的可燃物品；关闭防火挡板或挡火闸。

5. 机舱组

如果火灾并未发生在机舱，则机舱组可以在指挥控制组和技术组的领导下工作。机舱组在消防应急过程中，主要负责启动应急发电机，并将应急发电机并电运行；启动应急消防泵并运行。

# 第二节 应变部署表和应变部署卡

根据 SOLAS 公约要求，船舶上应该将船舶消防和船舶救生两项应急行动的应急组织，用文件的形式告知所有在船人员。这个文件就是应变部署表(Muster List)。

应变部署表是船舶应急组织的具体体现。相对于应急组织，应变部署表更具有可执行性。所以每一船舶都应根据人员状况、本船设备和情况，在船舶应急组织的基础上编制应变部署表。在应变部署表中，明确指定每个人在紧急情况下应到达的岗位及执行的任务。为了能够快速有效地执行应变部署，船舶应定期进行训练及应变演习。

## 一、应变部署表

应变部署表的管理由船长总负责。三副根据船舶消防组织的结构和职责，于船舶开航前编制应变部署表，经大副审核，船长批准签署后公布实施。编制应变部署表时，船员具体职责的分配应遵循下述原则：

(1)关键岗位、关键动作，派得力人员。实际上这一条是根据船员的职务编制的。

(2)根据本船情况，可以一职多人或一人多职，对于船上职务相同的多个人员，应根据船员个人的能力编制。这需要基于对船上人员的了解。

(3)人员编排应最有利于应变任务的完成。实际编制应变部署表时，应充分考虑船舶的实际需要及每位船员的职务和应变能力、船舶部门的局限性，统筹兼顾，合理地安排每位船员的应变岗位，以保证船舶在应急状况时，每位船员能发挥出最大的力量。

## 二、应变部署表的内容

应变部署表的内容包括：应变信号、船员名单、每个人在求生和消防时的应变分工(包括职责和岗位)。上半部分为求生应急的岗位和职责；下半部分主要为消防应急的岗位和职责。最后是说明和船长的签章。

应变信号包括两种：一种使用在《国际救生设备规则》(International Life-Saving Appliances Code，LSA)中明确推荐的信号，即通用紧急报警信号；另一种使用从以前到现在一直使用的信号。

通用紧急报警信号为七个短声后跟一长声，信号持续时间为 1 min。如果船舶用通用紧急报警信号作为消防警报信号，发送信号的同时，船长还需通过广播系统明确信号的目的是演习还是真正的火灾应急，以及火灾发生的地点。

如果使用《远洋运输船舶应变部署表》(GB 17566—2010)中规定的消防信号，则消防应急信号特征为：信号为连续一分钟短声，短声之后接一长声代表船前部着火；接两长声代表船中部着火；接三长声代表船后部着火；接四长声代表机舱着火；接五长声代表船舶上甲板着火。使用 GB 17566—2010 中消防信号的船舶需注意，自动火灾探测报警系统中固化的火警信号可能不同于该船应变部署表中的信号。

无论哪种信号，对应的结束或解除信号是相同的，即一长声，持续时间半分钟。当然也可通过广播系统由船长口头宣布。

应变部署表中还有一项重要内容，即应变任务。实际上，应变任务在船舶应急组织中已经做了原则规定，围绕着应变组织的目标编制就可以。

为了便于船员掌握应变部署表的内容，应变部署表应张贴在船上人员经常集聚或活动的场所，如通道、走廊、餐厅、活动室、会议室等，同时驾驶台、机舱集控室也应分别张贴。

### 三、应变部署卡

应变部署表是针对全体在船人员的，所以应变部署表篇幅大，内容多。某些船员不宜快速掌握自己的应变岗位和职责等内容。为了解决这个问题，在应变部署表之外，船上还为每个人员编制好了应变部署卡。

应变部署卡直接体现了应急的意思，一般被称为 Emergency Card。

每个船员都应有一张自己的应变部署卡。按照中国船舶的习惯，应变部署卡常被固定于床头，所以，应变部署卡又被称为“床头卡”。

客船上，由于旅客未接受正式的应急训练，所以针对旅客的应变部署卡需要将应急中的一些细节问题解释清楚，以便旅客牢记并执行，所以客船上针对旅客的应变部署卡稍微复杂。

## 第三节 消防演习

消防演习是按船舶消防行动的进程，在应急预案的指导下进行的演练。消防演习包含三个条件：消防行动进程、想（假）定情况的诱导、演练。其目的在于验证船舶应变预案和应变部署的可行性以及符合实际情况的程度。定期举行消防演习，可以使船员更加了解和熟悉正确的灭火程序及应变任务，掌握实际技能，并且在思想上有充分准备，这样才能临危不乱，正确地开展灭火工作。

### 一、船舶消防演习

除有其他明文规定以外，货船应每月至少进行一次消防演习。

船舶火灾警报信号发出后，全体船员按其应急职责携带规定的消防器材在 2 min 内到达指定地点集合待命。服从指挥和命令，迅速实施各自的行动，并确保及时地完成各自的任务。

演习是一种演练。演练实际上是演和练的结合。“演”注重的是各个人员在自己的岗位上尽职尽责地发挥作用，满足岗位对“你”的要求，“演”强调“过程”；“练”强调

的是各个人员，各个编组（小组）的技术训练，按照过程的环节要求，用技术实现各个环节的战术目标。练的重点在于技术。

1. 一般技术训练

一般技术训练是在基本燃烧理论指导下进行火灾的预防和扑救；了解本船所配灭火设备所使用灭火剂的性能；火的分类及适用灭火剂，可携式灭火设备的位置及适用方法；简单的维护检查和保养知识；发现火灾后的初始行动；对危险气体的警觉和基本急救技术等。

在技术训练的基础上，进行编组训练。编组训练重点在于相互协调配合扑救大型火灾；火灾现场的调查方法及报告；建立火灾隔离带的方法；控制和扑救火灾的正确步骤；舱内搜索及救助的方法；火场电源及通风的切断步骤；火场清理方法；防止复燃的步骤。

每一次演练，对于船上不同的人员训练的意义不太一样。对于普通在船人员，演练的目的实际上是在指挥下，达到对于消防技术的熟练使用。

船舶消防技术是“防火与灭火”重点培训内容。

2. 消防演习的进程

任何事情都有一个发生、发展、高峰、转折、消失的进程。船舶火灾也是如此。消防行动随着火灾发展的过程而变化。

火灾发生是整个消防进程的开始，此时，进入第一阶段——报警环节；船舶驾驶台在接到报警后，调整航向，通知机舱，报告船长，召集所有人员集合，所有人员实施初始应急行动，这是消防进程的第二阶段；随着火情的变化以及火场情况采取相应的消防行动，是第三阶段；火灾被扑灭是整个进程的结束；但是实际上有些火灾可能最终也不会被扑灭，这时消防进程就以人员撤离为结束标志。

每次消防演习应至少包括以下内容：

（1）到指定集合地点集合并准备执行应变部署表中规定的职责；

（2）启动消防泵，至少使用 2 个消防水龙带，以示该系统处于正常工作状态；

（3）检查消防员装备和其他个人救助设备；

（4）检查演习区域内的防火门、水密门、挡火闸和通风系统的主要进出口的可操作性；

（5）检查有关通信设备；

（6）选定不同的火场（机舱、火场、生活区、厨房、其他功能舱室等），检查对不同火场扑救技术的应用；

（7）检查为随后的弃船而做的必要准备；

（8）在演习中发现的任何错误和不足均应尽快予以纠正。

## 二、应急预案

应急预案实际上是“想定作业”的结果。就是预案制定人员根据以往的经验和船舶实际情况，并结合消防操作进程所做的应急操作方案。通常程序如下：

1. 发现火灾并报警

发现火灾后应报警。有三种报警情形：火灾自动探测报警系统报警；值班人员发现火灾，并立即使用火灾报警按钮报警；船员发现火灾后立即大声呼叫某处所失火或使用电话报警（见图 10-3-1）。对于船舶消防演习，为了强化船员的报警意识，通常要求船员用大声呼喊“着火了”的方式报警。

地点包括：机舱、货舱、厨房、油漆间等；火情包括：初起的小火、火势发生蔓延、火场内有受困人员等。

图 10-3-1　报警

2. 发出全船火灾警报信号

值班驾驶员在获悉火警并经确认后，会立即发出全船火灾警报信号，并报告船长，同时关闭驾驶台所能控制的通往火灾区域的通风系统，通知机舱备车等。

3. 全体船员的初始应急反应

船长接到火灾报告，会立即到驾驶室指挥火灾扑救。驾驶室值班人员按船长命令，操纵船舶使着火部位处于下风。根据指令，将船舶移至安全地点，并做好记录。记录内容包括接到火灾报告的时间、船位；报告人、着火部位；火灾扑救的过程。

机舱值班人员按总指挥的命令做好主机备车、减速、停车准备工作，迅速启动消防泵或应急消防泵。断绝失火处所的电力供应和通风。

除驾驶台、机舱固定值班人员外的所有船员均会按照应变部署的规定携带消防、救护器材到指定地点集合。听从现场指挥的命令，并完成各自的工作。

4. 实施灭火行动与措施

根据当时火灾处于不同的阶段以及当时的环境，指挥控制组会制定相应的战略和战术目标。其他各个消防组会根据战略和战术目标，并结合火场情况采用不同的消防技术进行火灾扑救。这些行动包括：现场探火、灭火等；关闭火场周围的通风机、门窗、舱口、风筒、手动防火门及防火挡板；切断燃油、电源等；破拆障碍物；移走靠近火灾区域的易燃易爆品等；救护队准备救护伤员等。如果火灾已经充分发展，必须动用二氧化碳等固定式灭火系统才能扑救时，应封闭失火处所，并在船长命令下，向火场释放灭火剂；之后不断检查失火舱室密封情况、对火场周围进行防护，注意观察温度变化等。温度明显降低后，安排探火员再次进入火场探火。经探火证明，火已被完全扑灭才能再清除火场内烟气，并经测氧、测爆后，才能进入火场进行损坏控制、修复等工作。

5. 演习结束

船长施放警报解除信号，宣布演习结束，清理现场，器材归位。

6. 总结讲评

演习结束后，船长应集合全体船员进行讲评，总结演习中存在的问题，提出整改意见，并保证在下次消防演习中得到纠正。驾驶员应在航海日志中详细记录整个演习过程。

## 第四节 船舶防火控制图

船舶防火控制图集中地反映了船舶消防、救生设备等应急资源在船舶上的分布情况，是保障船舶营运安全的重要性图纸。船舶消防控制图的主要内容包括：每层甲板的控制站，各级防火分隔围蔽的防火区域，船舶消防设施器材的位置及数量，以及各通风系统（包括风机、挡火闸、遥控关闭装置，应急通道等）的位置。

### 一、防火控制图的作用

（1）防火控制图能够提供船舶消防应急时，船长、现场指挥所需要的全部船舶技术信息。这些信息对于船长确定火场调查人员和现场消防人员进出火场的路线，确定人员所处位置、火场中消防员周边消防设备情况（消防水带、移动式灭火设备等）、通风控制设备位置有指导作用，有助于船长迅速做出决策。

（2）船舶消防应急队利用防火控制图进行图上推演。应急队可以预先设定船舶失火位置，然后根据图上信息讨论应急方案。这样的演习可以大大提高船舶实际应急时的应急效率。

（3）防火控制图提供的信息对船舶三副进行全船安全设备检查、维护有指导作用。防火控制图上标示了船上所配备的全部消防、求生设备。按照防火控制图检查可以避免遗漏。

(4)防火控制图对船舶进厂修理安全设备进行修理、更换有指导作用。按照防火控制图对船舶的安全设备进行修理，可以保证船舶的入级标准，避免因施工不当降低船舶的技术标准。

## 二、防火控制图的存放

防火控制图应张贴在船舶公共走廊里供相关人员阅读。作为替代，经主管机关同意，可合并成册，每位高级船员人手一册；而在船上易于到达的位置，应有一份副本可供随时取用。同时，防火控制图或含有该图的小册子应永久性地置于甲板室外面有明显标志的风雨密筒中，用以供岸上的消防人员需要时取用。控制图和小册子应不断更新，任何改动应尽可能地随时记录。此种控制图和小册子的说明文字应以主管机关所要求的语言写成，如果该语言既不是英文也不是法文，应包括其中一种语言的译文。

## 三、船舶防火控制图的组成、识读

船舶防火控制图主要由船舶数据栏、图例栏和视图组成。有的防火控制图上还有通风设备说明栏。

船舶数据栏中列明了包括主尺度、排水量、载货量、主机功率、转数、航速等说明船舶技术状态的相关数据。

图例栏列有表示船舶消防、求生、通风等各设备的识别符号，以及该设备所在的位置、数量等。图例栏中的符号为 IMO 统一标识符号，记住这些符号对正确识别防火控制图非常有用。图例栏中的相关标识后边说明了该设备的数量和在船上的位置。有关人员根据消防控制图能够很快了解船上的相应的消防设备的数量和位置，对于设备的检查和维护具有指导作用。某船防火控制图中驾驶甲板俯视图如图 10-4-1 所示。

视图包括船舶右舷侧视图、俯视图、各层甲板平台图。侧视图是船舶的主视图，通常绘制在防火控制图的上方。通过侧视图可以了解到船舶舱室及消防设备沿船长(从船尾至船首)方向的布置和沿船高(从船舶的最底层甲板到船舶最高层的各层甲板)方向的布置情况。俯视图也是船舶的主视图，是各层甲板向水平投影面投影所得到的。俯视图可以体现船舶舱室(办公室、会议室、空调室、工作间、控制室、卫生间、油漆间、免税仓库等)和消防设备(包括灭火器、消防水带、探测器、警铃、消防栓)的布置等。

通风设备说明栏中列明了船上所有通风设备的形式及技术性能等数据。

识图的关键是要把图中的 IMO 防火标识的意思弄清楚，知道有标识的地方就有相关的设备。

船舶防火控制图是船上的重要图纸文件。船员应注意避免出现以下缺陷：

(1)防火控制图中消防设备的位置、数量与当时船舶的实际情况不符。

(2)防火控制图中的识别符号不符合标准。

(3)甲板室外存放防火控制图的盒子保养不善，没有做到风雨密，使图中标志不清

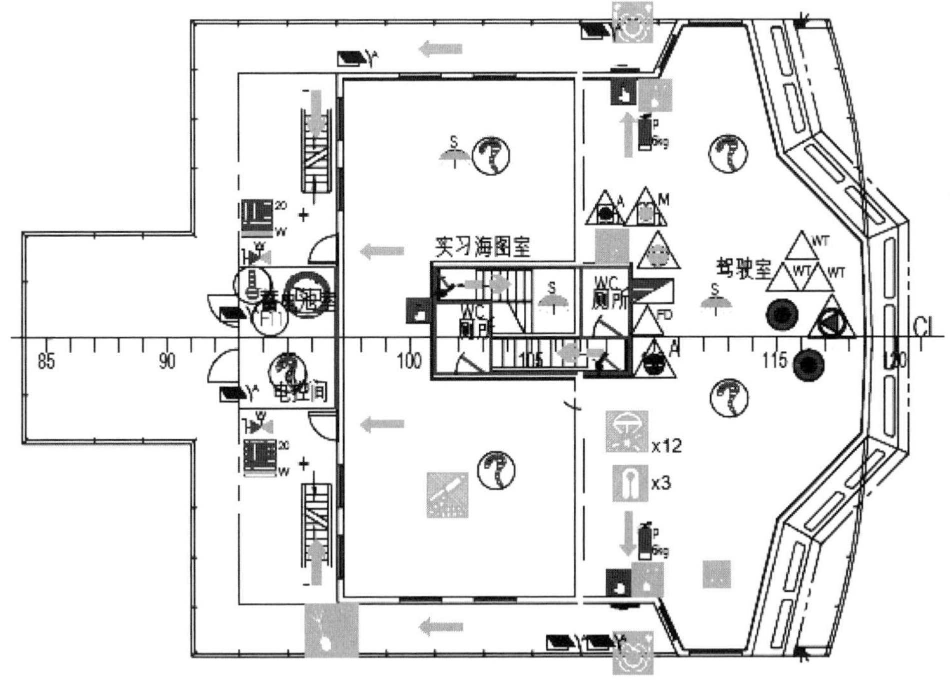


图 10-4-1 某船防火控制图中驾驶甲板俯视图

晰或被水渍污染。

## 第五节 船舶应急通信

影响船舶消防应急行动成败的重要因素是通信。英国的一家网络视频学习平台(Videotel Marine International)出版的船舶消防资料中阐述了船舶消防应急过程中的3C原则。3C指的是指挥控制(Command & Control),协调(Co-ordination),还有一个就是通信(Communication)。如果应急过程中不能建立有效的通信联系,就可能导致混乱(Chaos)。

通信包括对外通信和内部通信两个方面。船舶对外通信由指挥控制组在船长的指导下完成。主要内容包括将本船发生火灾,以及在火灾的后续扑救过程出现其他险情通知有关各方。通知对象包括管理公司、船东、租船人、代理、船东互保协会、当地海事局和搜救中心、当地消防队、附近船舶等。

公司的体系文件中对于通信的内容和格式给出了指导。

船舶内部通信是在火灾应急中,各组指挥员之间、应急组成员间的通话。船舶内部通信主要使用船上电话和无线对讲机,通信时使用船员工作语言。

使用无线对讲机(VHF)时应注意:

1. 发送语音信息

(1)内容简明扼要,准确无误。发话前应对发话的内容进行整理,使用语句要求尽量短,去除不必要的内容,使受话人容易接受。同时,不要使用模棱两可的语句,如"大概""可能"等。

(2)语调平稳均匀,吐字清楚流利。发话时声音不要忽高忽低,速度不宜过快,吐字清楚,正规流利。

(3)间隔分明,关键语句应当重复。讲话时要词、句分明,前后连贯,关键词语要重复,使受话者能明白。

(4)讲话时,话筒与嘴的距离约 15 cm,话筒倾斜 45°左右。使用对讲机时,讲话时必须按紧,讲完"Over"后,应立即松开按键。在室外有大风时,应使话筒在背风面,以免影响发话的清晰度。

(5)佩戴呼吸器时,声音要大些,话筒靠近呼吸阀,语速要慢。

2. 接收语音信息时

接收语音信息时应精力集中,认真收听。对关键语句要复诵。对不清楚或不明白的语句,应及时询问对方,避免发生误会。若通话时有噪声或有干扰,应及时调整或转换频道。

# 附录一　某航运公司船舶防火防爆规定

可燃物、助燃物和着火源是燃烧的三个基本要素，缺少三个要素中的任何一个，燃烧便不会发生。对正在进行的燃烧，只要充分控制三个要素中的任何一个，燃烧就会终止。

规章制度都来源于以往的火灾教训。现在根据不同的船舶给出不同的防火防爆规章制度。

1. 船舶防火防爆一般要求

(1)严禁在房间内焚烧纸张，燃烧蚊香、卫生香等。

(2)房间内的垃圾桶必须是非可燃性材料制成的并要及时倾倒。

(3)离开住舱时必须将各种灯具和电气设备关闭。

(4)禁止使用明火电炉。在使用封闭式电炉(厨房、配餐间)、电水壶、电熨斗及电吹风等电热器具时一定要有人看管，离开时切断电源，确认冷却后方可离开。

(5)不得擅自拉线装灯，增大电气设备功率。不得乱拉收音机、电视机天线。不得使用纸或布遮盖电灯。不得在电热器具上烘烤衣物，更不得在机舱内烘烤衣物。

(6)废弃的油渍棉纱、抹布不得乱丢乱放，要将其放置在指定的非燃性带盖容器内并及时处理。该容器不得存放在闷热或接近热源处。

2. 客船上的防火要求

客船最大的特点是旅客多、房间多，易发生火灾。

(1)对旅客做好防火教育，禁止旅客携带易燃易爆危险品上船；如果已经携带上船，需要及时处理。

(2)严禁旅客在禁烟区吸烟，乱扔烟头以及其他的易燃物品(纸张)。

(3)客船上的脱险通道应保持畅通。

(4)经常检查船舶上的消防设备及其器材，确保处于随时可用状态。

(5)建立并严格执行防火巡逻制度。

3. 普通货船的防火要求

货船的最大特点是货多，并且货物之间可能性质相反；特别是货物中还有一些危险品，极易起火爆炸。因此货船人员必须根据货物性质做好各种防火措施。

(1)装卸货物时，严禁装卸工人及登船人员在船舶甲板上和货舱内吸烟。

(2)装卸货物前，一定根据货物的性质需求，做好防护和安全措施。

(3)对易燃易爆的货物，在装、运、卸的过程中防止撞击和摩擦；也要防止货物之间混装产生化学反应而引起火灾和爆炸。

(4)危险货物卸完后，需要将货舱中的残渣、残液彻底打扫干净。

(5)对于易发生自燃的货物,一般按照要求,平舱并定时定点对货舱进行通风。

(6)装卸碳化钙、还原铁等货物时,避免遇水。

4. 油船的防火规定

油船包括成品油船和原油油船。油船的防火措施包括:

(1)必须在指定处所吸烟,其他任何处所(房间)不得吸烟。吸烟室的门窗必须关严,烟灰缸内必须注水并不得乱扔烟蒂和火柴杆。船上应使用安全火柴,禁止使用打火机。

(2)在装卸油、洗舱、除气作业期间,所有通到生活区外的开口必须关严,空调必须保持内循环状态。

(3)当发现或怀疑油气进入居住舱室时,应立即停止使用容易产生火花的设备、器具,如吸尘器、电动剃须刀等。

(4)不准随身携带火种(火柴、打火机及小电器等),不准穿鞋底带铁钉的鞋到货油舱甲板上。

(5)禁止在船上使用非防爆式对讲机、手电筒,禁止在室外使用手机、聚焦玻璃制品及闪光照相机。

(6)路经甲板前,一定要用手触摸静电放电铜板,使人体电位与船体电位持平。

(7)在装油、洗舱、除气作业期间,应按指定的通道出、入生活区。作业人员应穿着防静电服、防静电鞋。

(8)非操作需要,不得接近货油舱舱口、量油孔和油泵间。非值班人员不得在货油舱甲板逗留、游玩。

5. 液化气船的防火规定

全体船员都应意识到液化气船的危险性和防火防爆的重要性,认真做好防火防爆工作。

(1)装货期间,应在登船处附近明显处所标示防火防爆警告牌。无关人员禁止上船,业务人员上船后,须经值班人员引领,应按指定的通道出入生活区。

(2)在装卸货作业和除气作业期间,窗门必须紧闭,空调使用内循环。在货舱放气时,全船禁止烟火,关闭雷达,不断测量生活区内的可燃气体含量。若发现可燃气体进入生活区内,应立即停止货物装卸或除气操作,立即停止使用容易产生火花的设备、器具。

(3)若发现甲板有液化气泄漏,应立即通知船长或大副,采取有效措施断绝漏气源。

# 附录二 某船编制的应变部署表样本

## MUSTER LIST / STATION BILL

M.V. / M.T. ______________________________

EMERGENCY STATION SIGNAL : ■ ■ ■ ■ ■ ■ ■ ■ ▬▬▬▬▬▬▬▬

SEVEN OR MORE SHORT BLASTS FOLLOWED BY ONE LONG BLAST ON SHIP'S WHISTLE AND ALARM BELLS.

EMERGENCY FIRE STATION SIGNAL :

IF VESSEL'S FIRE DETECTION SYSTEM / MANUAL CALL POINTS ARE GENERATING SIGNAL DIFFERENT FROM ABOVE, THEN THIS SIGNAL WILL ALSO BE REGARDED AS 'EMERGENCY STATION SIGNAL'.

ABANDONSHIP STATION SIGNAL : VERBAL ORDER BY THE MASTER

### ABANDON SHIP BOAT STATIONS

| LIFEBOAT No. 2 | | DUTY | LIFEBOAT No. 1 | |
|---|---|---|---|---|
| NAME | RANK | | NAME | RANK |
| As per Crew List | MASTER | OVERALL INCHARGE | As per Crew List | MASTER |
| As per Crew List | CH OFF | INCHARGE LIFEBOAT | As per Crew List | 2ND OFF |
| As per Crew List | | SART AND EPIRB | As per Crew List | |
| As per Crew List | | LIFEBOAT ENGINE | As per Crew List | |
| As per Crew List | | LIFERAFTS | As per Crew List | |
| As per Crew List | | EMERGENCY LIGHTING | As per Crew List | |
| As per Crew List | | LOWERER | As per Crew List | |
| As per Crew List | | FWD GRIPES AND PINS | As per Crew List | |
| As per Crew List | | AFT GRIPES AND PINS | As per Crew List | |
| As per Crew List | | MAKE FAST PAINTER | As per Crew List | |
| As per Crew List | | EMBARKATION LADDER | As per Crew List | |
| As per Crew List | | PROVISION AND BLANKET | As per Crew List | |
| As per Crew List | | STANDBY | As per Crew List | |
| As per Crew List | | | As per Crew List | |
| THIRD OFFICER IS DESIGNATED FOR COMMUNICATION DUTIES IN ALL EMERGENCIES | | | | |

### EMERGENCY STATIONS

**EMERGENCY TEAM**

| DUTY | RANK | NAME |
|---|---|---|
| * INCHARGE | CH. OFF | As per Crew List |
| ASST INCHARGE | 2ND ENG | As per Crew List |
| | | As per Crew List |
| | | As per Crew List |
| | | As per Crew List |
| | | As per Crew List |
| | | As per Crew List |
| | | As per Crew List |
| | | As per Crew List |
| | | As per Crew List |
| | | As per Crew List |

* In case of Engine Room fire 2nd Eng will be Incharge.

**COMMAND TEAM**

| DUTY | RANK | NAME |
|---|---|---|
| BRIDGE-IN COMMAND | MASTER | As per Crew List |
| BRIDGE-COMMUNICATION | | As per Crew List |
| BRIDGE-STEERING | | As per Crew List |
| | | As per Crew List |
| | | As per Crew List |
| | | As per Crew List |
| | | As per Crew List |
| | | As per Crew List |
| | | As per Crew List |
| | | As per Crew List |
| | | As per Crew List |

**SUPPORT AND FIRST AID TEAM**

| DUTY | RANK | NAME |
|---|---|---|
| INCHARGE | 2ND OFF | As per Crew List |
| CLOSE VENTS/DOORS | | As per Crew List |
| CLOSE VENTS/DOORS | | As per Crew List |
| FIRST AID AND STRETCHER | | As per Crew List |
| RESUSCITATOR | | As per Crew List |

**ROVING TEAM / ENGINE ROOM TEAM**

| DUTY | RANK | NAME |
|---|---|---|
| ROVING COMMISSION | CH. ENG | As per Crew List |
| ASST CH ENG | | As per Crew List |
| ENGINE ROOM | | As per Crew List |
| ENGINE ROOM | | As per Crew List |
| | | As per Crew List |

Designated Rescue Boat on this vessel is : ______________________________

DESIGNATED CREW FOR RESCUE BOAT:

| DUTY | RANK | NAME |
|---|---|---|
| INCHARGE | CH.OFF | As per Crew List |
| AS DIRECTED BY INCHARGE | | As per Crew List |
| AS DIRECTED BY INCHARGE | | As per Crew List |

A. Substitute of Key Personnel: The Master's substitute will be the Ch.Officer
The Ch.Officer's substitute will be the Second Officer
The Ch.Engineer's substitute will be the Second Engineer
The Second Engineer's substitute will be the Third Engineer

B. 3/Off, 4th Eng and El/Off are responsible for the maintenance of all LSA and FFA on board the ship, under the guidance of Chief Officer.

C. All supernumeraries to stand by on bridge when Emergency alarm sounds.

MUSTER POINT : ______________________

ALTERNATE MUSTER POINT : ______________________

______________
MASTER

# 参考文献

[1]国际海事组织.《1978 年海员培训、发证和值班公约》马尼拉修正案[M]. 大连:大连海事大学出版社,2010.

[2]国际海事组织. 国际海上人命安全公约综合文本 2014[M]. 北京:北京交通出版社,2015.

[3]IMO. International Code for Five Safety Systems (2015 edition)[M]. London: International Maritime Organization, 2016.

[4]王新,曹铮. 基本安全:防火与灭火[M]. 大连:大连海事大学出版社,2012.

[5]刘书平. 船舶高级消防[M]. 大连:大连海事大学出版社,2012.